# Los Rituales del Neófito de Paul Foster Case

## por Paul Foster Case

I0172511

# TABLA DE CONTENIDOS

# INTRODUCCION

Yo commence mi carrera en Sacramento Pronaos.
Wilt Chesterman llegó a uno de nuestros grupos de
estudio y dio una lectura. Dos veces él dijo, "Las
fuerzas oscuras se están reuniendo." Poco después,
él cerró las logias. Wilt creía que la humanidad no
estaba todavía lo suficientemente evolucionada
como para participar en un trabajo de ritual de
grupo. En ese momento, yo pensé que él era un viejo
hombre arrogante. Treinta años después, yo
entiendo lo que decía.

Muchas personas son atraídas por el mundo mágico
por el deseo de sentirse especial o motivado para
aprender cómo controlar a las personas. Sin
embargo, cada camino espiritual, incluyendo los
Misterios Occidentales, es un largo camino de auto-
desarrollo y refinamiento. Los Misterios
Occidentales, y el trabajo mágico en general, no
están diseñados para hacerte sentir especial. Más
bien lo contrario. En cuanto al control, un grupo
mágico está lleno de personas de fuerte voluntad.
Dirigir una logia es muy parecido a pastorear gatos.
Cualquiera que quiera imponerlo como una venta
dura y pasarlo por la garganta de un iniciado tiene
un 100% de posibilidades de fracasar. He visto que
esto pasa docenas de veces, y todas las veces la
persona se sorprende de que las cosas no salieron
como las planeó.

Después de décadas de experiencia en logias, he
llegado a un entendimiento más completo de la
perspectiva de Wilt Chesterman. Las organizaciones
mágicas en las que he participado carecen de
controles y balances que son necesarios para
moderar los grandes egos. Tú necesitas una gran
voluntad para practicar magia. Sin embargo, el

hecho de que estemos seguros de tener razón no nos hace tenerla. Las personas, especialmente aquellas que tienen el poder, fácilmente confunden las dos. Como diría mi padre, "Sólo porque tu aliento huele a excremento de mono no te hace Tarzán."

La mayoría de los conflictos de las logias podrían resolverse si las personas se tomaran el verano para desestresarse y se reunieran de nuevo en el equinoccio. En cambio, las osas escalan y terminan con alguien resignándose o siendo forzado a salir. Las últimas palabras habladas al iniciado que se va son inevitables: "DEVUELVE NUESTROS RITUALES."

Sin embargo, los rituales de Paul Foster Case son generalmente rituales de la Aurora Dorada. Tanto así que tú no pueden ponerles derechos de autor. Case raras veces puso derechos de autor a sus trabajos y sus rituales no son la excepción. En este libro, yo he omitido respetuosamente las partes de los rituales que son indiscutiblemente secretos.

Habrá quienes piensen que he ido demasiado lejos y quebrantado mi juramento. Sin embargo, yo ofrezco esta perspectiva. El EA dice esto ante la obligación. "Después de recibir mi seguro que esta obligación no los vinculará a nada que sea incompatible con sus deberes civiles, morales o religiosos, ¿estás dispuesto a tomarla?"

Esa es una gran mentira. Porque, me he dado cuenta de que este juramento viola algunos de mis deberes civiles, morales y muy especialmente los religiosos. Un juramento de secreto no puede hacerse para ocultar delitos y abusar de las personas. Eso es contra la ley. Mi código moral es simple, si eres bueno conmigo, yo soy bueno contigo. Si no eres amable conmigo, entonces yo no soy amable contigo. En cuanto a mi Código

4

Religioso, mi himno favorito es "Adelante Soldados Cristianos." Es mi deber santo y sagrado para oponerme al mal en todas sus formas.

Los Misterios Occidentales han sido diluidos, y sus significados originales de las enseñanzas han sido olvidados o ignorados a cambio del Pos Modernismo y los ideales de la Nueva Era. Todas las logias nuevas y sus miembros deben estar conforme al dogma prevaleciente, o ellos serán obligados a salir con la exigencia de devolver "NUESTROS RITUALES."

Este es el Siglo XXI, y es tiempo de una nueva dispensación. Atrás quedó la Era de Piscis de conformarse con el dogma o enfrentarse a la excomunión. Ahora es la Era de Acuario del racionalismo ilustrado. A ninguna organización le *pertenecen* los rituales. Estos son un regalo de Paul Foster Case para la humanidad.

**Oficina de Derechos de Autor de los Estados Unidos**
Biblioteca del Congreso • 101 Independence Avenue SE • Washington, DC 20559-6000 • www.copyright.gov

29 de Septiembre. 2021

Wade Coleman

Nuestra Referencia: SR 1-10743375051

Nuestra búsqueda en los índices y catálogos apropiados de la Oficina de Derechos de Autor que incluyen trabajos catalogados desde 1938 hasta Septiembre 28, 2021 bajo los nombres de B.O.T.A.; Builders of the Adytum; Paul Foster Case; F.L.O.; Fraternidad de la Luz Oculta; y el título RITUAL DEL EQUINOCCIO no revelaron ningún registro separado para una obra identificada con estos nombres y este título específico.

Nuestra búsqueda en los índices y catálogos de la apropiada Oficina de Derechos de Autor que incluyen trabajos catalogados desde 1938 hasta Septiembre 28, 2021 bajo los nombres de B.O.T.A.; Builders of the Adytum; Paul Foster Case; F.L.O.; Fraternidad de la Luz Oculta; y el título RITUAL DE GRADO 0=0 GRADO DEL NEOFITO (CEREMONIA DE ADMISION) revelaron que no hay ningún registro separado para una obra identificada bajo estos nombres y este título específico.

Nuestra búsqueda en los índices y catálogos de la apropiada Oficina de Derechos de Autor que incluyen trabajos catalogados desde 1938 hasta Septiembre 28, 2021 bajo los nombres de B.O.T.A.; Builders of the Adytum; Paul Foster Case; F.L.O.; Fraternidad de la Luz Oculta; y el título RITUAL DE GRADO 0=0 GRADO DEL NEOFITO (RITUAL DE APERTURA Y CLAUSURA) revelaron que no hay ningún registro separado para una obra identificada bajo estos nombres y este título específico.

6

# CAPITULO 1

## RITUAL DEL 0=0

## GRADO DE NEOFITO

Yo usé abreviaturas para los nombres de los oficiales de la logia Paul Case. Algunos nombres de los oficiales son obvios. Otros son un poco crípticos.

| Oficiales del Ritual de Piso | |
|---|---|
| Paul Case | Aura Dorada |
| EA | Hierofante |
| A-n | Herio |
| A-t | Hegemón |
| H-r | Kerux |
| C-n | Dadouchos |
| P-r | Estolistes |

| Jefes | |
|---|---|
| Paul Case | Aura Dorada |
| Pr-l | Praemonstrator |
| I-r | Imperator |
| C-s | Cancellerius |

| Oficial de Piso | Ángel |
|---|---|
| EA | Eso Depende |
| A-n | Sandalfón |
| A-t | Miguel |
| H-r | Rafael |
| C-n | Raziel |
| P-r | Tzaphqiel |

La C-n es la cima del Pilar de la Suavidad en el Árbol de la Vida. El P-r es la cabeza del Pilar de la Severidad. El EA es generalmente Metatrón para A-n's Sandalfón.

En cuanto a la meditación antes de la logia, mira la baraja de Tarot de Paul Case para darte ideas. Algunos iniciados son buenos en visualizaciones complejas; Yo no lo soy. En términos generales, cuando realizo un ritual, lo mejor que puedo manejar es el color.

Por ejemplo, cuando me paro y digo mi parte, visualizo el color de mis alas. Al girar, primero me alejo medio paso de mi silla, para que mis alas no rocen mi asiento. Cuando alguien más esté hablando, visualizaré el color de su oficina como alas o una columna de color del piso hasta el techo. Todos deben usar el mismo color para cada oficina. Esto constituye la logia egregor.

# APERTURA

ORACION

CLAMOR DEL OBSERVADOR

1$^{st}$ OBLIGACIÓN

LA CONTRASEÑA

LOS SIGNOS

NOMBRE SECRETO

ANTIFONÍA

ESTACIONES Y DEBERES DE LOS OFICIALES

PURIFICACION

CONSAGRACIÓN

CIRCUMAMBULACIÓN MÍSTICA

ADORACIÓN

DECLARACIÓN

PALABRAS MÍSTICAS

SEÑALES

    Ceremonia de Iniciación

RECESO

FIN DE LA APERTURA

# CIERRE

LAS SEÑALES

PURIFICACION

CONSAGRACIÓN

LUZ Y SONIDO

CIRCUMABULACION INVERSA

ADORACIÓN

COMIDA MÍSTICA

PALABRAS MÍSTICAS

DECLARACIÓN

FIN DE LA CLAUSURA

## Similitudes entre los Rituales

Aurora Dorada y el Ritual de Apertura y Cierre del Paul Foster Case (PFC) son esencialmente lo mismo.

1. La contraseña del semestre se le da a cada iniciado antes de entrar al templo.

2. La ORACIÓN, GRITO DEL OBSERVADOR, 1er DEBER son casi idénticos en los dos rituales.

3. Las funciones de los funcionarios son similares con algunas modificaciones.

4. La PURIFICACIÓN, CONSAGRACIÓN, CIRCUMAMBULACIÓN MÍSTICA, ADORACIÓN, DECLARACIÓN, PALABRAS MÍSTICAS son las mismas en ambos rituales.

5. El GD y PFC Rituales de Cierre son casi exactamente el mismo.

## Diferencias entre los Rituales

1. En la Apertura, el ritual de PFC prueba la CONTRASEÑA de los iniciados, similar a la tradición masónica.

2. El NOMBRE SECRETO y la ANTIFONÍA son únicos del ritual PFC.

3. Los pasos y la señal de silencio son los mismos en ambos órdenes. Sin embargo, el otro signo de luz proyectada es diferente.

4. En el Ritual de Cierre, el trabajo de LUZ Y SONIDO es único de Paul Foster Case.

# RITUAL DEL 0=0

## GRADO DE NEOFITO

## NOMBRE EN HEBREO: מתחיל[1]

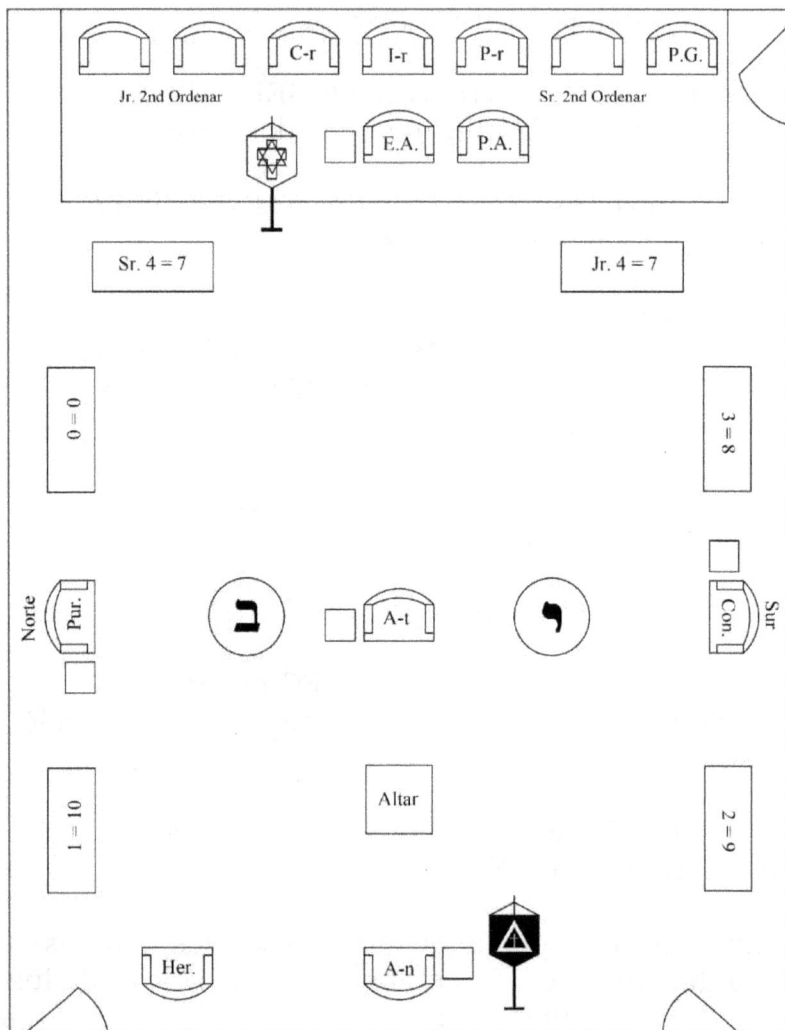

# INSTRUCCIONES PRELIMINARES

Todos los templos abren en este grado. Después que se haya arreglado el templo y que se haya abierto la Logia, los oficiales y miembros, vestidos con túnicas y delantales, permanecen en las antecámaras. Después de completar la preparación del atrio exterior, los miembros deben sentarse y meditar. Hay un Santuario Interior, el EA, tres Jefes y otros miembros de $2^{do}$ Orden que preparan en este Santuario Interior, Este de los dais. Cuando no hay un Santuario Interior, EA, Jefes, y miembros de $2^{do}$ Orden que pueden preparar la convocación en cualquier lugar conveniente. Nadie excepto el EA y H-r debe entrar al templo hasta que sea llamado por el EA, excepto para cumplir con un deber definido. Cumplida la tarea, el miembro u oficial regresa a la antecámara y permanece ahí hasta que la convocación es llamada por el EA.

Cuando el H-r ha notificado al EA que todo está listo y ha abierto el Portal, los miembros deben hacer fila para entrar. El orden de entrada es P-r llevando la copa; C-n llevando el incensario; A-t, A-n, Superior 4=7, 0=0, 1=10, Junior 4=7, 3=8, y 2=9 miembros.

Después de entrar, procede a tus estaciones y lugares y ponte de frente como de costumbre.

Cuando hay un Santuario Interior, los miembros Superior de $2^{do}$ Orden, Pr-l, y PA, entran por la puerta S.E. Al mismo tiempo, los miembros Junior $2^{do}$ Orden, seguidos por I-r y C-s, entran por la puerta N.E. Suben los escalones del estrado de dos en dos, se dirigen a sus estaciones y lugares y permanecen de pie.

Cuando no hay Santuario Interior, el 2$^{do}$ Orden y Jefes entran desde la antecámara antes de que los miembros de la 1$^{ra}$ Orden hayan llegado a sus lugares & estaciones.

El orden de Procedimiento para todas las convocaciones es:
1. Apertura
2. Iniciación (si hay)
3. Por el bien de la Orden[2]
4. Clausura

# APERTURA

EA:   Después que el *Templo Astral ha sido construido, todos deben salir del Templo excepto el EA.*

H-r: *Abre el portal y regresa a la primera estación, mirando hacia el Norte si el Portal está en el Suroeste [o Sur si el Portal está en el Noroeste], con el bastón elevado a un ángulo de 45° y la lámpara sostenida en el corazón.*

EA:   \* \* \* Compañeros Iniciados, tomen sus puestos y lugares.

Todos: *Los miembros y oficiales entran en el orden descrito anteriormente, pasando el Portal con las Señales de Neófito y la Contraseña, y se dirigen directamente a sus estaciones o asientos, donde permanecen de pie.*

H-r: Toma la Palabra del semestre actual de cada iniciado mientras ingresas, estando preparado para bloquear con el Bastón a quien no tenga la Palabra.

*Nadie va a entrar sin esta Palabra. Si esto ocurriera, H-r anuncia: "Muy Honrado EA, la Palabra del Semestre se ha perdido." El EA entonces pregunta quien busca admisión y si alguien puede responder por el extraño que desea entrar. En caso afirmativo, entonces la palabra la dará el que responde por el extraño con el acuerdo de la EA.*

H-r:   *Cuando todos están en sus lugares, cierra el Portal y regresa a la estación.*

EA:    Tomen asiento.

All:    *Sentados.*

*EA le pide a un miembro que haga El Ritual Menor De Destierro Del Pentagrama.*

EA:    (Hermano/Hermana) _____, por favor haga el *Ritual Menor De Destierro Del Pentagrama.*

# ORACION

EA:    * * *

Todos: *Levántense y viendo hacia el Este.*

*EA gira con el Sol para mirar hacia el Este. Levanta el cetro en alto.*

*Los Oficiales elevan implementos.*

EA:    Las Fuerzas Ocultas de esa Luz Ilimitada que establece los límites del Universo, nosotros los invocamos por el Nombre todopoderoso de su Creador (pausa) para sellar con orientación justa los límites internos de este Templo. Que la virtud secreta del Oriente radiante sea conferida este día al trono del Adepto de este Templo, quien es el emblema de esa Luz del Amanecer que iluminará los caminos de los desconocidos y nos guiará hacia el logro de la Quintaesencia. la Piedra de los Sabios, Sabiduría perfecta y Felicidad verdadera.

Todos:       ¡Que así sea! Gire y mire como de costumbre.

*EA se sienta.*

Todos: *Se sientan.*

# CLAMOR DEL OBSERVADOR

EA:     * * *

H-r:    Se levanta, *llevando el bastón verticalmente, agarrándolo por el centro con la mano derecha, el extremo blanco hacia arriba. Deja la lámpara en la estación y se va de Norte a Noreste. Saluda al EA elevando el bastón perpendicularmente tres veces. EA, sentado, reconoce el saludo, cargando cada una de las tres secciones del Bastón, blanco, rojo y luego negro. H-r se da vuelta con el Sol para mirar hacia el Sur-Oeste, sostiene el bastón en un ángulo de 45° en alto, y dice con FUERZA:*

H-r:    He ahí, he ahí, tú profano!

*H-r se regresa a la estación por el camino del Norte, mira al este, y se queda de pie.*

# PRIMER DEBER

EA:    (Hermano/Hermana) H-r.

H-r:    Muy Honorable EA.

EA:    ¿El Primer deber de los iniciados?

H-r:    Para guardar el Templo contra el acceso del profano.

EA:    Cumplir con ese deber.

H-r:    *Abre la puerta, y si no hay Centinela, cierra la puerta de la antecámara. Si un Centinela está en la antecámara, H-r simplemente se asegura de la presencia del centinela, luego regresa al Templo y cierra la puerta. Coloca la lámpara delante de la puerta. Tomando el bastón por el extremo blanco, H-r golpea el piso con el extremo negro. \* \* \*, luego toma el bastón por el centro y lo mantiene en alto mientras señala con su mano izquierda la Linterna y dice:*

H-r:    Muy Honorable EA, el Templo está debidamente custodiado.

EA:    ¿Cómo custodiado?

H-r:    Por el Bastón de la Ciencia para prohibir a los profanos, y la Lámpara de la Sabiduría para iluminar el camino de todos los verdaderos Iniciados. (*Sentados.*)

# LA CONTRASEÑA

EA:  ¿Honorable A-n, tienes la Palabra?

A-n:  (*Se levanta y saluda a EA con la espada.*)
La tengo, Muy Honorable EA.

EA:  Entonces la recibirás de los C-n y P-r, que se asegurarán de que todos los presentes la poseen y me lo comunicarán.

A-n:  Deja que C-n y P-r se aproximen al Oeste.

C-n/P-r: *Vayan en diagonal desde sus estaciones hacia el Oeste del altar, donde se unen, y vayan juntos a una posición frente al trono de A-n, de frente a A-n. Juntos dan la Señal de Respeto.*

A-n: *Regresa la Señal.*

A-n:  (Hermano/Hermana) C-n, dame la Palabra.
(*Hecho.*)
(Hermano/Hermana) P-r, Dame la Palabra.
(*Hecho.*)

A-n:  La Palabra es verdadera en el Oeste. Asegúrense de que todos los presentes la posean. (Se sientan.)

C-n/P-r:  *Continúen hacia el este, por sus respectivos lados del Templo, tomando la Palabra de cada persona presente. Cuando llegan a sus estaciones, Norte y Sur, ellos van al centro a A-t,* quien recibe la Palabra de C-n y la comunica a

**P-r.** *Luego, los dos esperan en el Oeste de los Pilares, mirando hacia el este, C-n detrás del pilar blanco y P-r detrás del pilar negro.*

A-t: *Se levanta, se pone hacia el este y saluda con el cetro.*

Muy Honorable EA, la Palabra es verdadera en el centro.

*Se pone de cara al Oeste y se sienta.*

C-n/P-r: *Continúan hacia el este a lo largo de sus respectivos lados del Templo, recibiendo la Palabra como antes. En el estrado, C-n toma la Palabra de Steward., Pr-l, Sr. 2$^{do}$ Orden y PA. P-r la recibe de C-s, Jr. 2$^{do}$ Orden y I-r. Ambos se colocan frente al EA y le hacen la Señal de Respeto, que el EA devuelve con el cetro.*

C-n: Muy Honorable EA, nosotros llevamos la palabra -

P-r: - del Oeste -
C-n: - por el Centro -
P-r: - hacia el Este.

EA: Comunícamela.
C-n: Le da a *EA la Palabra.*
P-r: Le da a *EA la Palabra.*

EA: La Palabra es verdadera en el este. Regresan a sus estaciones.

C-n/P-r: *Saluda, luego regresan a sus estaciones y se sientan.*

# SEÑALES

EA: Después de una corta pausa, *toca * y se levanta.*

Todos:   Todos se levantan.

EA: Afiliados del vehículo de la Escuela Interior que es llamada (nombre de la organización)_____, asísteme para abrir _____ la Logia, Numero ___, como Salón de Neófitos. Honorable A-n, asegúrese de que todos los presentes hayan contemplado el Amanecer.

A-n: Hermanos y Hermanas de (*nombre de la organización*) _____, den las señales de Neófito.

*Todos dan Señales hacia el A-n, dirigidos por el A-t.[3]*

A-n: Muy Honorable EA.
(*A-n da la señal; EA signo de ecos*),
todos los presentes presenciado el Amanecer.

# NOMBRE SECRETO[4]

EA:    Las letras de nuestro nombre secreto:

EA:  _

A-n:  _

A-t:  _

EA:    ... y también son un velo para la Rueda de la Ley.

| EA | A-n |
|---------|-----|
| Alfa | O |
| Primero | L |
| Comienzo | E |

A-t:   Y el camino de la W_ _ _ entre.

| EA | A-n |
|------------|-----|
| Amanecer | T |
| Idea | F |
| Resplandor | E |

A-t:   Y el camino de la L _ _ _ _ entre.

| EA | A-n |
|-----------|-----|
| Juventud | A |
| Aumento | D |
| Previsión | A |

A-t:   Y el camino de la H_ _ _ _ _ _ _ entre.

EA:     Los oficiales, se quedan de pie.

Todos:      Todas *se sientan con EA, excepto los oficiales.*

EA:     Que se proclame una vez más el número de Oficiales en este grado, y la naturaleza de sus Oficios, para que los Poderes cuyas imágenes se establezcan en las esferas de los presentes y en la esfera de este Templo; porque por Nombres e Imágenes son todos los Poderes que despiertan y redespiertan.

Honorables A-n, ¿cuántos oficiales jefes están en este grado?

A-n:    (*Saludos con la Espada.*) Tres, muy Honorables EA, es decir:  A., A-n, y A-t.

EA:     ¿Hay alguna peculiaridad en estos nombres?

A-n:    Todos comienzan con la letra A.

EA:     ¿De cuál es esta letra un símbolo?

A-n:    De la vida, como la fuente de toda manifestación, porque A es nuestro equivalente para el Aleph hebreo, símbolo del Aliento de Vida y signo de la Inteligencia Vehemente, que ES antes de todos los comienzos, que ES a través de todas las actividades, que ES eternamente, cuando toda actividad se apacigua en la quietud tranquila del Ser Puro.

EA:     ¿Cuántos oficiales auxiliares hay en este grado?

A-n:    Tres, es decir:  P-r, C-n y H-r.

EA: ¿La estación del P-r?

A-n: En el Norte, Muy Honorable EA, para simbolizar el Frío y la Humedad. (*Sentados.*)

EA: (Hermano/Hermana) ¿P-r, sus deberes?

P-r: (*Saluda*)

Yo tengo a mi cargo las túnicas e insignias de los oficiales.
Yo atiendo la copa de la purificación.
Yo llevo la Palabra de Oeste a Este, por el Norte.
Yo vigilo la Puerta del Norte, y yo estoy encargado de la purificación, por Agua, del Templo, de los Iniciados y del candidato.

EA: ¿La estación en el C-n?

P-r: En el Sur, Muy Honorable EA, para simbolizar el Calor y la Sequedad. (Se sienta.)

EA: (Hermano/Hermana) ¿C-n, sus deberes?

C-n: (*Saluda*)

Yo atiendo al incensario y al incienso.
Yo llevo la Palabra de Oeste a Este, por el Sur.
Yo vigilo la Puerta del Sur y estoy encargado de la consagración, con Fuego, del Templo, de los Iniciados y del candidato.

EA: ¿La estación del H-r?

C-n: Dentro del Portal, Muy Honorable. (*Sentados.*)

EA: (Hermano/Hermana) ¿H-r, sus deberes?

H-r:   (*Saluda*)

Yo veo que todos los muebles del Templo estén debidamente ordenados antes de la Apertura.
Yo vigilo el Portal.
Yo admito a los Hermanos y Hermanas de esta Orden.
Yo asisto en la recepción del candidato.
Yo atiendo a la lámpara de mi oficina.
Yo dirijo todas las circunvalaciones y procesiones.
Yo hago todos los anuncios e informes.

EA:   ¿Qué simbolizan tu lámpara y bastón?

H-r:   La luz de la ciencia oculta y el poder de dirección.

EA:   ¿La estación del A-t?

H-r:   En el centro del Templo, frente al altar del universo. (Sentados.)

EA: (Hermano/Hermana) A-t, ¿tus deberes?

A-t:   *Gira con el Sol para mirar hacia el este.*
*Saluda a EA con el cetro, sostenido en un ángulo de 45° y dice:*

Yo presido la puerta simbólica de la ciencia oculta.
Yo soy el reconciliador entre la luz y la oscuridad.
Yo inmediatamente sigo al H-r en la circunvalación.
Yo superviso la preparación del candidato, lo conduzco a través del camino de la oscuridad hacia la luz y lo ayudo en la recepción; y ayudo a los otros oficiales jefes en la ejecución de sus deberes.

EA: ¿Qué simboliza la blancura de tu manto?

A-t: Pureza.

EA:   ¿Su insignia del cargo?

A-t:   El Cetro del Equilibrio.

EA:   ¿Qué simboliza?

A-t:  La simetría y el equilibrio de las fuerzas universales de las que debemos depender para ejecutar nuestros planes.

EA:   ¿Y cuál es tu oficio?

A-t:  La búsqueda pura de la luz de la verdad, que debe guiar todos los esfuerzos humanos.

EA:   ¿La estación de la A-n?

A-t:  En el Trono del Oeste. (Mirando al Oeste y sentado.)

EA:  Honorable A-n, ¿qué simboliza el Trono del Oeste?

A-n:  (Se levanta) Aumento de la oscuridad y disminución de la luz.

EA:   ¿Tus deberes?

A-n:

Yo presido el crepúsculo y la oscuridad que nos envuelven en ausencia del Sol de vida y luz.
Yo vigilo la Puerta del Oeste.
Yo asisto en la recepción del candidato; y superviso a los oficiales subordinados al ejecutar sus deberes.

EA:  ¿Qué simboliza el color negro de tu manto?

A-n:  Oscuridad.

EA:  ¿Su insignia de oficio?

A-n:  La espada.

EA:  ¿Qué simboliza la espada?

A-n:  Severidad y Juicio.

EA:  ¿Y cuál es tu oficio?

A-n:  Fortaleza.

EA:  ¿La estación de A.?

A-n:  En el trono del Este -

EA:  * * *

Todos: (Suben, excepto EA y los Jefes.)

A-n:  - que simboliza el ascenso (*asciende EA*) del Sol de vida y luz. (él/ella) deber es regir y gobernar esta Logia de acuerdo con las reglas de la Orden. El color rojo de (él/ella) manto simboliza la vida. La insignia de (él/ella) es el Cetro de Dominio; y el oficio de (él/ella) es el de Expositor de los Misterios.

C-s: (se levanta) Mi lugar está al noreste de la EA. Mi deber es observar los procedimientos de esta Logia, registrar todas las cosas apropiadas que se escribirán y ser el custodio de todos los documentos y propiedades. Mi manto amarillo simboliza la Inteligencia Transparente, que penetra todos los velos de la ignorancia. Mi insignia, el Cetro de Reconciliación, significa el equilibrio de los opuestos en la operación del Gran Trabajo; y mi oficio es el de testigo del Trabajo de L.V.X.

I-r: (se levanta) Mi lugar está al Este de la EA. Mi deber es ver la administración de la Logia, hacer todos los nombramientos, recibir todo el dinero y hacer todos los pagos correspondientes. Mi manto rojo simboliza la Inteligencia Vehemente, que vela las causas con el Fuego del Espíritu. Mi insignia, el Cetro de la Pentalfa, es un símbolo del poder gobernante del Espíritu en todas las cosas; y mi oficio es el de testigo del Trabajo de L.V.X.

Pr-l: (se levanta) Mi lugar está al sureste del EA. Mi deber es supervisar el ritual de esta Logia y ser la voz viva que transmite los mensajes de su Fundación invisible. Mi manto azul simboliza la Inteligencia Unificadora, que une todos los corazones humanos. Mi insignia, el Cetro de la Unidad, representa el poder universal de la simpatía; y mi oficio es el de testigo del Trabajo de L.V.X.

# PURIFICACION

EA: (Hermano/Hermana) P-r, Los mando a purificar el Templo y a los Iniciados con Agua.

Todos: *Todos se sientan excepto P-r, quien procede a ejecutar la orden, de la siguiente manera:*

P-r: *Avanza diagonalmente desde la estación al Este del Templo, ante el trono de EA, llevando la copa en ambas manos. De cara a EA, P-r da la señal de respeto, a lo que EA responde como es usual. P-r luego sostiene la copa en el centro del corazón y dice:*

P-r: Yo purifico por el Agua.

*Sumergir el pulgar derecho, índice y el dedo medio juntos en la copa de agua y rocía tres veces hacia el Este, para formar los puntos de un triángulo de agua de la siguiente manera:*

1     2

3

*P-r luego gira en su lugar para quedar de frente a la estación de C-n en el Sur y dice:*

Yo purifico por Agua.

*P-r rocía de nuevo, luego se pone con cara al Oeste y dice:*

Yo purifico por el Agua.

*Rocía de nuevo, luego se pone de frente a su propia estación en el Norte y dice:*

Yo purifico por el Agua.

*Rocía una cuarta vez, luego mira hacia el este de nuevo, da la señal de respeto, gira con el Sol para mirar hacia su propia estación, y camina hacia ahí directamente. En la estación, coloca la copa en el pedestal, mira hacia el EA y dice:*

P-r:   El Templo está limpio.

*Se queda de pie en la estación mirando hacia el sur, durante la consagración.*

# CONSAGRACIÓN

C-n:  *Durante la purificación, prepara el incensario con incienso fresco. El incensario debe estar echando humo activamente.*

EA:  (Hermano/Hermana) C-n, te mando a que consagres el Templo y a los Iniciados con Fuego.

C-n:  *Avanza en diagonal desde la estación al Este del Templo, ante el trono de EA, llevando el incensario en ambas manos. Mirando hacia el Este, C-n da la Señal de Respeto, a la que responde el EA. Sosteniendo el incensario a la altura del corazón, C-n dice:*

C-n:  Yo consagro con Fuego.

C-n:  *Echar incienso con tres empujones hacia el Este, para formar las puntas de un triángulo de fuego, así:*

1

2      3

*C-n y luego gira en su lugar, para ponerse de frente a la estación en el Sur, y dice:*

Yo consagro con Fuego.

*C-n mueve el incienso de la misma manera, luego mirando hacia el Oeste, y dice:*

Yo consagro con Fuego.

*Incensar, de frente a la estación de P-r en el Norte y dice:*

Yo consagro el Fuego.

*Se inciensa una cuarta vez, luego vuelve a mirar hacia el este, hace la Señal de Respeto, gira con el Sol para estar de cara hacia su propia estación y camina directamente hacia allí. En la estación, coloca el incensario en el pedestal, se pone de frente al EA y dice:*

C-n:  El Templo está consagrado.

*Quedándose de pie en la estación, mirando al Norte.*

# CIRCUNVALACIÓN MÍSTICA

EA:    *Se levanta, sosteniendo el cetro en la mano derecha. EA, P-r y C-n formulan así el Triángulo Blanco.*

EA:    Que se realice la circunvalación mística en el Camino de la Luz.

Todos:  *A la palabra, "Luz," todos los miembros se levantan y forman la procesión en el Norte.*

Formación con los Miembros en Todos los Géneros[6]

*Cuando toda la procesión está en movimiento, es en el siguiente orden:  H-r, A-t, I-r, C-s, PA, Miembros del 2$^{do}$ Orden, A-n, 0=0, P-r, 1=10, 2=9, C-n, 3=8, Jr. 4=7, Sr. 4=7.*

## Circunvalación

Pr-l:   *Permanece sentado y no da vueltas, pero antes de que la procesión se mueva, puede salir de la estación para verificar que todos estén en la posición correcta. Si Pr-l sale de la estación, EA espera hasta que regrese Pr-l antes de dar la señal para que la procesión se mueva.*

EA:    *  Toca una vez para comenzar la procesión tan pronto como A-n está en posición, y toca cada vez que H-r pasa por el este, de manera que contando el golpe el cual indica que la procesión se mueve, EA da cuatro golpes durante la circunvalación. Excepto al dar los cuatro golpes de la batería, EA sostiene el cetro en su mano derecha, el brazo completamente extendido con la punta del pentagrama hacia el Oeste. El EA necesita formular la intención de proyectar luz a través del cetro y desde la punta del pentagrama.*

Todos: *No se permite música durante la circunvalación. Los oficiales bajan la insignia, apuntando horizontalmente en la dirección que se están moviendo, y los miembros hacen la Señal de la Luz Proyectada mientras pasan el cetro extendido del EA... [Descripción de la señal y visualización eliminada]*

*A-n, A-t, C-n, y P-r, mientras ellos pasan el EA, deben formular la intención, al bajar sus insignias, de recibir la corriente de energía proyectada desde el cetro del EA.*

H-r: *Al pasar este por primera vez, debe formular la intención de cargar el extremo blanco del bastón. En el segundo paso, debe pensar en la parte roja como si estuviera recibiendo la corriente. En el tercero, debe pretender que la corriente cargue el segmento negro del bastón.*

A-n: *Después de pasar una vez el EA, continúa con la procesión hasta llegar al trono de A-n, luego sale de la procesión y se queda de pie, mirando hacia el este, sosteniendo la espada extendida hacia arriba en un ángulo de 45°.*

A-t: *Después de pasar EA por segunda vez, continúa con la procesión hasta llegar a la estación de C-n, luego sale de la procesión y va directamente a la estación de A-t, quedándose de pie mirando hacia el Oeste, sosteniendo el cetro en un ángulo de 45°.*

Todos: *Cuando el H-r y otros oficiales y miembros han pasado tres veces por el EA, ellos continúan alrededor del Templo hasta que llegan a sus puestos y lugares respectivos. Ahí permanecen de pie, de frente, como suelen hacerlo cuando están sentados.*

*Después de esta circunvalación en la Apertura, y hasta la circunvalación reversa en el Cierre, todo paso en el Templo ya sea que la Logia esté en sesión de trabajo o en receso, debe ser en la dirección de la corriente establecida, es decir, con el Sol. Esto permite, sin embargo, el cruce directo de Norte a Sur, o de Sur a Norte en cualquier punto. En los movimientos de Oeste a Este, o de Este a Oeste, debe seguirse la corriente.*

EA:    *Cuando los oficiales y miembros hayan llegado a las estaciones acostumbradas y lugares:*

La circunvalación mística está cumplida. Es un símbolo de la luz naciente.

EA:    *Espera hasta que el miembro designado vaya al interruptor de la luz, encienda la luz y regrese.*

*EA entonces continua:*

# ADORACION

EA:   Adoremos al Señor del Universo.

Todos:      Todos de cara hacia el este. *EA da la
señal para comenzar sosteniendo el cetro en alto,
brazo completamente extendido en un ángulo de
45°. Cuando comienza la Adoración, EA devuelve el
cetro a su posición habitual. A-n y A-t extienden de
manera similar sus implementos en un ángulo de
45°. H-r sostiene el bastón en posición vertical, con
el extremo blanco hacia arriba de tal manera que el
antebrazo de H-r esté en la misma postura que el
cetro de EA. C-n y P-r sostienen sus implementos a
la altura del corazón. Después de cada línea, los
oficiales bajan la insignia; los miembros hacen el
Signo de la Luz Proyectada. Después del "Amen,"
todos dan la Señal del Silencio.*

Santo eres Tú, Señor del Universo.
*(Señal de Luz Proyectada)*

Santo eres Tú, a quien la Naturaleza no ha formado.
*(Señal de Luz Proyectada)*

Santo eres Tú, el Grande y el Poderoso.
*(Señal de Luz Proyectada)*

Señor de la Luz y la Oscuridad.
*(Señal de Luz Proyectada)*

Amen.   *(Señal de Silencio)*

*Todos mirando como es usual y quedándose de pie.*

# DECLARACION

EA:  (Hermano/Hermana) H-r, en el nombre del Señor del Universo, te ordeno que declares que he abierto _____ la Logia, No. ___ como Salón de Neófitos.

EA:  *
A-n:  *
A-t:  *

H-r:  Deja la lampara en la estación, *avanza hacia el noreste ante el estrado, se pone frente a EA sosteniendo el bastón en la mano izquierda por el centro, con el extremo blanco hacia arriba, y da la Señal de Respeto; luego se pasa el bastón a la mano derecha y, agarrándolo por el centro, mira hacia el Oeste; levanta el brazo en un ángulo de 45° y sostiene el bastón de perpendicularmente; dice:*

En el nombre del Señor del Universo, YO declaro que el Sol ha salido, y que la Luz brilla en la Oscuridad.

*Baja el bastón y, siguiendo la corriente, vuelve a la estación y se queda de pie.*

# PALABRAS MISTICAS

EA:    Khabs.        *
A-n:   Am.           *
A-t:   Pekht.        *

A-n:   Konx.         *
A-t:   Om.           *
EA:    Pax.          *

A-t:   Luz.          *
EA:    In.           *
A-n:   Extension.    *

## SEÑALES

EA:    Hermanos y Hermanas, las señales.

Todos: *Los miembros y oficiales dan ambas señales hacia el altar, siguiendo a A-t.*

EA *se sienta.*

Todos se sientan.

## RECESO

*Después que cualquier recién llegados y visitante haya tomado su lugar, el EA puede llamar a un Receso.*

EA:     * * Ahora declaro una suspensión del trabajo en esta Logia hasta que los Iniciados sean rellamados a sus estaciones y lugares por H-r.

Todos:     *Los mantos de oficiales y lamens se dejan en sus estaciones en el recreo. Se pueden llevar delantales y baldricks durante el receso, pero solo en la antecámara. Todos los miembros y oficiales deben quitarse el delantal y el tahalí antes de salir de la antecámara.*

## FIN DE LA APERTURA

# CIERRE

EA:   Cuando el desee *EA volver al trabajo, él/ella informará al H-r*

H-r:   Va a la antecámara, *se pone de pie en el Portal, golpea considerablemente el suelo con el extremo negro del bastón, sosteniéndolo por el extremo blanco, y dice:*

> \* \* \* Compañeros Iniciados, el EA llama a la Logia para volver al trabajo.   Regresen a sus estaciones y lugares usuales, y vístanse para el trabajo.

*En la puerta, toma nota de cada entrada para que nadie entre al Templo sin estar correctamente vestido para el trabajo o dando las señales apropiadas.*

*Todos: Entre en cualquier secuencia. Todos deben hacer las dos señales al entrar al Templo y usar delantales y tahalíes apropiados.*

*Todos siéntense.*

EA:  *Cuando los miembros y oficiales, vestidos para el trabajo, estén sentados en sus estaciones y lugares apropiados:*

> \* \* \* (*Todos se levantan*)  Afiliados a ese vehículo de la Escuela Interna que se llama (nombre de la organización) _____, asísteme para cerrar _____ la Logia, No._____ como un Salón de Neófitos.
>
> (Hermanos/Hermanas) H-r,  vean  que  el Templo está propiamente guardado.

H-r:  *Se procede como en la Apertura, y se golpea el suelo con el extremo negro del bastón, sujetándolo por el extremo blanco:* \* \* \*.

Muy Honorable, el Templo está propiamente vigilado.

EA: Honorables A-n, asegúrense de que todos los presentes hayan visto el Amanecer.

A-n: Hermanos y Hermanas de (nombre de la organización)_____, den las señales de un Neófito.

Todos: Todos *excepto EA y A-n dan señales, siguiendo el camino de A-t.*

A-n: Muy Honorable EA (Coloca la espada en el pedestal y da señales hacia el Este. EA devuelve las señales),
Todos los presentes han visto la Luz.

*EA se sienta.*

*Todos* se sientan.

# PURIFICACIÓN Y CONSAGRACIÓN

EA:   (Hermano/Hermana) P-r, te mando que purifiques el Templo y los Iniciados con Agua.

*P-r: Va con el Sol a una posición que queda frente a EA, saluda y purifica como en la Apertura. Cuando P-r se ha puesto de frente a EA después de la cuarta purificación, él/ella saluda y vuelve por el Sol hasta llegar a la estación de C-n. Luego, él/ella cruza entre el A-t y el altar a la propia estación y completa la ceremonia como en la Apertura:*

P-r:   El Templo es limpiado.

*(Permanecen de pie durante la consagración.)*

EA:   (Hermano/Hermana) C-n, Los mando a consagrar el Templo y a los Iniciados con Fuego.

*C-n: Cruza el Templo entre la A-t y el altar, al Norte, va con el Sol a la estación de EA, y saluda. C-n luego hace la consagración como en la Apertura. Cuando C-n ha saludado a EA por segunda vez, él/ella vuelve a su propia estación con el Sol. Pone el incensario en el pedestal y dice:*

C-n:   El Templo está consagrado.

P-r/C-n:   *(Sentados.)*

# LUZ Y SONIDO

## (Sonido y Color)[8]

EA: Que las fuerzas de la Luz y del Sonido sean dirigidas por nosotros... [texto omitido]

Todos: Cantor va al lugar en el sureste.

Gráfico 1

A-n: Muestra la Tabla de Colores 1: rojo, amarillo, azul verdoso.

EA: Que el Fuego del Carnero... [texto omitido] ...traiga vida y luz a todas las criaturas.

Todos: Cantor hace sonar los tonos Do, Mi y Sol. Mientras suena cada nota, los miembros que van a entonarla la tararean suavemente. Los que entonan C miran el panel Rojo. Los que entonan E miran el panel Amarillo. Los que entonan G miran el panel azul-verdozo. Todos entonces entonan tres veces:

I A O (pronunciado "ee-ah-oh")

A-n:  Sostiene el *Gráfico 2: Rojo-naranja, amarillo-verde, azul.*

A-n:  Que la Tierra fértil del Toro... [texto omitido] ...traiga vida y luz a todas las criaturas.

Todos:  *Cantor suena tonos do-sostenidos, fa y sol-sostenido, correspondientes, respectivamente, a Rojo-anaranjado, Amarillo-verdoso y Azul. Las notas tarareaban como antes. Todos entonces entonan tres veces:*

I A O

Gráfico 3

A-n:  Muestra el gráfico 3: Naranja, Verde, Azul-violeta.

A-t:  Que el aliento de los Amantes... [texto omitido] ...traiga vida y luz a todas las criaturas.

Todos:  *Cantor suena los tonos D, F-sostenido y A, correspondientes, respectivamente, al Naranja, Verde y Azul-violeta. Las notas se tararean como anteriormente. Todos entonces entonan tres veces:*

I A O

Gráfico 4

A-n: Muestra el Gráfico 4: Amarillo-anaranjado, Azul-verdoso, Violeta.

C-n: Que las corrientes de lo Celestial... [texto omitido] ...traigan vida y luz a todas las criaturas.

*Todos: Cantor suena los tonos D-sostenido, G y A-sostenido, correspondientes, respectivamente, a Amarillo-naranja, Azul-verde y Violeta. Las notas se tararean como antes. Todos entonces entonan tres veces:*
    I A O

Gráfico 5

A-n: Muestra el Gráfico 5: Amarillo, Azul, Rojo-violeta.

P-r: Que la fuerza de los Corazones Puros... [texto omitido] ...traiga vida y luz a todas las criaturas.

Todos:    *Cantor emite los tonos Mi, Sol-sostenido y Si, correspondientes, respectivamente, al Amarillo, Azul y Rojo-violeta. Las notas se tararean como antes. Todos entonces entonan tres veces:*

    I A O

*El Cantante regresa a la silla.*

# CIRCUMAMBULACION REVERSA

EA: Que se realice la Circunvalación Mística Reversa en el camino de la Luz.

Todos: *Se hace como en la Apertura, excepto que se forma la procesión en el Sur por la estación de la C-n, y el orden de procesión es: H-r, A-t, I-r, C-s, PA, miembros de 2$^{do}$ Orden, A-n, Superior 4=7, Junior 4=7, 3=8, C-n, 2=9, 1=10, P-r, 0=0, nuevos iniciados (s) últimos. La procesión se mueve alrededor del Templo en dirección inversa, cruzando el Este de Sur a Norte. A-n y A-t salen de la procesión como en la Apertura, excepto que A-t va desde la estación de P-r a su estación en la segunda vuelta. Todos los demás pasan por el Este tres veces. Debido a que el propósito de esta circunvalación es romper la corriente, la procesión completa debe estar formada antes de que comience a moverse.*

EA: *Cuando la procesión está formada, EA inicia la circunvalación con un toque \* y toca una vez \* cada vez que el H-r pasa por el este. Los Oficiales bajan sus insignias y los miembros hacen la Señal de la Luz Proyectada al pasar por EA. Cuando todos han regresado a sus estaciones y lugares apropiados, EA dice:*

EA: La circunvalación inversa mística está cumplida. Es simbólica de la luz que se desvanece.

*Cuando el Templo tenga con luces con atenuación, se deben bajar mientras avanza la procesión. De lo contrario, las luces deben atenuarse/apagarse cuando el EA diga "la luz se desvanece". Esto requiere que todos los discursos posteriores sean memorizados.*

# ADORACION

EA:   Adoremos al Señor del Universo.
(*Gira con el Sol hacia el Este.*)

Todos:    *Gire con el Sol para quedar de frente al
el este. EA mira hacia el este, levantando el cetro
para señalar el inicio de la Adoración. Las palabras
y gestos en Adoración son los mismos que la
Apertura. Después de la Adoración, todos de frente
como usualmente se hace.*

EA *sentados.*

Todos *sentados.*

# REPASO MISTICO

EA: Ahora no queda más que silencio juntos para participar de la Comida Mística, compuesta por los símbolos de los cuatro elementos, y para recordar nuestra promesa de secreto.

H-r: *Va a la estación de P-r, toma la copa y la pone en el lado oeste del altar, moviendo el triángulo y la cruz hacia el centro del altar para dar espacio a la base de la copa. Ve que la rosa, el pan, la sal y la lámpara roja estén correctamente puestos. Vuelve a la estación y se sienta.*

EA: *Entrega el Cetro a PA, o coloca el cetro en el pedestal, desciende por el centro de la Logia pasando entre el pilar blanco y A-t, y pasando el altar en el lado sur. EA se pone de cara al este al Oeste del altar, da ambas señales y se acerca al altar, cruzando los brazos sobre el pecho.*

EA: Los invito a inhalar conmigo el perfume de esta rosa, símbolo del aire.

*Eleva la rosa, inhala su perfume, y reemplaza a la rosa.*

Sentir conmigo la llama de este Fuego sagrado.

*Eleva la lámpara roja y luego la reemplaza; sostiene las manos sobre la lámpara, con las palmas hacia abajo.*

Comer conmigo este Pan y la Sal como tipos de Tierra.

*Eleva la patena y la vuelve a colocar, luego toma el pan, lo moja en sal.*

Y finalmente, compartan conmigo la purificación de esta copa consagrada del Agua elemental.

*Ponerse el pan en la boca, elevar la copa, reemplazar en el altar, remojar el dedo índice derecho en la copa y señalarse él/ella mismo(a) al frente con los puntos de un triángulo de agua, así:*

| Ceja derecha | Ceja izquierda |
|:---:|:---:|
| 1 | 2 |
| Base de la nariz ||
| 3 ||

Todos: *Todos reciben a su vez individualmente, cada uno de él/ella de su predecesor, que va al Este del altar para administrar. Cada persona que recibe los elementos hace las dos señales del Grado al oeste del altar antes de recibir la rosa. Sólo el EA eleva alguno de los elementos o hace la señal en su propia frente de él/ella. El miembro que da los elementos se para al Este del altar para dar la rosa; pasa al Sur del altar para levantar la lámpara roja y reemplazarla; luego pasa por el Este del altar hacia su lado norte para dar pan y sal y hacer la señal de la purificación.*

*Cada elemento es usado, reemplazado cuidadosamente en su posición propia en el altar. Todos los sacramentos son ofrecidos sobre la copa. LA COPA NO SE LEVANTA DE SU LUGAR.*

*Después de dar la señal de purificación, el miembro que la da se va a su estación o lugar en el Templo por la ruta más directa desde el lado norte del altar.*

*El orden de precedencia es EA; Pr-l; I-r; C-s; PA; miembros de 2$^{do}$ Orden; A-n, A-t, C-n, P-r, Sr. 4=7 [Portal], Jr. 4=7, 3=8; 2=9, 1=10; y 0=0.*

*Cuando H-r ha recibido el signo de la purificación, el miembro que lo ha dado regresa a su lugar.*

*H-r: lleva la taza a la estación de P-r; se pone de cara al Este; eleva la copa; coloca la copa en el pedestal de P-r y dice:*

Está terminado.

*Regresa a la estación y se sientas.*

# PALABRAS MISTICAS

EA:   Khabs.   *
A-n:  Am.      *
A-t:  Pekht.   *

A-n:  Konx.    *
A-t:  Om.      *
EA:   Pax.     *

A-t:  Luz      *
EA:   In.      *
A-n:  Extensión.  *

EA:   (*Sentado.*) ¡Que este sacramento simbólico nos sostenga en nuestra búsqueda de la Quintaesencia, la Piedra de la Sabios, la Felicidad, Sabiduría, el Máximo Bien!


# DECLARACION

EA:   Yo ahora declaro la Logia, No. _____ cerrada como un Salón de Neófitos.

EA:   *
A-n:  *
A-t:  *

# CAPITULO 1 NOTAS

[1] מתחיל *mat.cheel*. Principiante, novato, novato.

[2] Por el bien de la Orden.

Usualmente, después de la apertura, hay un descanso y los miembros se reúnen en el Templo donde se hacen anuncios, se hacen asuntos y luego el EA da una charla.

Personalmente, creo que esta actividad rompe la energía mágica. Prefiero un breve descanso después de la apertura para tomar un trago de agua o comer algo rápido. El bajo nivel de azúcar en la sangre y el trabajo ritual no van bien. Luego, comenzar el ritual de cierre. Después de completar el trabajo del templo, luego de tener una charla y atender asuntos de la logia.

[3] No se apresure en los pasos y señales. Debe hacerse con ritmo. El paso es una cuenta, luego levantar los brazos para la cuenta 2, visualizar para la cuenta 3, bajar los brazos cuenta 4 y la señal de silencio para la última cuenta.

[4] Las letras son omitidas.

[5] La primera letra de cada palabra corresponde a la parte A-n.

[6] Formación con Miembros en Todos los Grados

Crear un comienzo fluido para la circunvalación mística requiere práctica y cambios cuando los miembros avanzan por los grados. Además, es muy confuso, para lo cual solemos hacer cola en la estación P-r y esperar a que el EA toque la puerta para iniciar la procesión.

Los miembros que llegan tarde raramente esto sucede, así que moví esta sección del ritual para mantener el flujo del Ritual de Apertura.

*Cuando no haya Centinela, el EA deberá declarar un receso después de la Apertura para que la puerta de la antecámara, que deberá estar siempre cerrada con llave en ausencia de Centinela, pueda abrirse para permitir que los recién llegados o visitantes se sometan a las pruebas. De otra manera, el receso es un placer de EA. En cualquier caso, la fórmula para el receso no se utilizará hasta que todos los recién llegados y visitantes hayan ocupado sus lugares correspondientes. La Fórmula para el receso es:*

## Sin Centinela

[Un centinela es un miembro que se sienta afuera y se asegura de que nadie entre al Templo durante el ritual. Sin embargo, a los miembros no les gusta sentarse afuera y perderse la ceremonia. Nunca hemos tenido a nadie que intentara entrar al espacio ritual, así que se eliminó esa posición y el H-r hace las funciones de centinela.]

H-r: *Va a la antecámara y se asegura que cualquiera que estuviera esperando tiene la Palabra. Habiendo hecho esto, H-r regresa al Templo, se pone de frente hacia el este y levanta el bastón en saludo, diciendo:*

H-r: Muy Honorable EA, un Iniciado (o, un grupo de Iniciados) desean (s) admisión.

EA: (Él/Ella/Ellos) (tienen/tiene) la Contraseña para el tiempo presente?

H-r:    (Él/Ella/Ellos) (la tienen/lo tiene.)

EA:    Permítanle a (él/ella/ellos) entrar.

H-r:    *Abre la puerta. Los miembros que estaban esperando ahora entran. Los admitidos van al Oeste del altar y miran al Este. Hacen la Señal de Respeto, seguido de las señales del grado. EA, de pie, responde a esas señales. Luego, los miembros se dirigen a sus lugares en el Templo, siguiendo el curso del Sol.*

[8] para más información sobre la afinación del sonido y colores, vea *Sanación con Sonidos y Sintonización Vibracional* por Kevin Townley

# CAPITULO 2

## CEREMONIA DE ADMISION

Antes de la iniciación, la ceremonia de Apertura se debe realizar. Luego, un breve descanso para asegurarse de que el reclinatorio, la venda para los ojos y otros artículos estén cerca. Cuando el EA está satisfecho, el templo está listo, comienza la Ceremonia de Admisión.

La estructura del ritual PFC es la misma que el Aura Dorada.

# CEREMONIA de ADMISION

CRUZANDO EL PORTAL

1$^{st}$ PURFICACION Y CONSAGRACIÓN

OBLIGACION

PASANDO LAS PUERTAS

1$^{st}$ CIRCUNMAMBULACIÓN

2$^{nd}$ CIRCUNMAMBULACIÓN

2$^{nd}$ PURFICACION Y CONSAGRACIÓN

3$^{rd}$ PURFICACION Y CONSAGRACIÓN

3$^{rd}$ CIRCUNMAMBULACIÓN

INVOCACION

NOMBRE SECRETO

ANTIFONA

LAS PALABRAS MISTICAS

LAMPARA DE H-r

SIGNOS, AGARRE Y CLAVES (S)

ENTRE LOS PILARES

PURFICACION FINAL Y CONSAGRACION

INVESTIDURA

LECTURA DE EA

PROCLAMACION

DIRECCION DE A-n

INSTRUCCION FINAL DE EA

NOMBRE DE ASPIRACION

RECESO
      FINAL DE LA CEREMONIA DE ADMISION

CIERRE

## Similitudes Entre los Rituales PFC y GD

1. La OBLIGACION es similar, pero hay diferencias significativas.

2. Desde el PASE DE LAS PUERTAS a la INVOCACION, los dos rituales son casi idénticos. La principal diferencia es la adición de cantos en el ritual PFC.

3. Las secciones PALABRAS MISTICAS y LAMPARA de H-r son iguales.

4. La LECTURA de EA es similar en ambos rituales.

5. La PROCLAMACIÓN es la misma.

6. La DIRECCIÓN de A-n en los dos rituales es casi idéntica.

# Diferencias Entre los Rituales

1. PFC preguntas rituales del candidato antes de su entrada en el templo. Esto no se hace en el ritual GD.

2. El NOMBRE SECRETO y la ANTIFONÍA son únicos del ritual PFC.

3. La clase de INVESTIDURA es diferente porque el ritual PFC tiene un delantal con símbolos que necesitan explicación.

4. El Signo de la luz Proyectada es diferente que el Signo GD Saludando. También, el agarre y la clave son diferentes.

5. Después la DIRECCION de A-n, el Ritual de la Aurora Dorada está completo. El ritual PFC tiene que el nuevo iniciado elige un NOMBRE DE ASPIRACIÓN.

# CEREMONIA DE ADMISION

## NOMBRE EN HEBREO: שער הפרס חכמה [1]

*Antes de la Apertura, uno de los miembros desconocido de la Logia es designado para ser candidato para que actúe como Extraño para guiar al candidato. Después de la Apertura, el Extraño sale del Templo y se viste completamente de negro. Esto puede consistir en ponerse una túnica negra sobre la túnica blanca o cambiarse por otra ropa negra. El Extraño también lleva o lleva una rosa roja como señal de identificación.*

*El Extraño va hacia el candidato, que espera fuera del edificio y lleva una rosa roja. Al pedirle al candidato que lo siga en silencio, el Extraño lleva al candidato a la antecámara, le pide la rosa del candidato y le indica a él/ella que espere allí. El Extraño deja al candidato, cierra la puerta y luego se viste con el atuendo del Templo. Llevando la rosa, el Extraño entra al Templo, va al altar, coloca la rosa al lado de la rosa del altar, regresa a su propia estación o lugar, y se sienta.*

EA:  * Hermanos y Hermanas de la ____ Logia No. de la (*nombre de la organización*)_____, sus Jefes han considerado la aplicación de _____ para la admisión de esta Orden, y se han pronunciado favorablemente al respecto.

(Hermano/Hermana) P-r, asegúrese de que el candidato comienza esta tarea con la debida comprensión de su naturaleza.

(Hermano/Hermana) A-t, instruyan al candidato (él/ella) a mantenerse listo para la ceremonia de admisión y supervisar la preparación de (él/ella).

A-t/P-r: *Levántense juntos, portando sus insignias, de cara a EA, saluden. Ellos van al Candidato, el P-r precediendo al A-t, siguiendo el curso solar desde sus estaciones hasta el portal suroeste.*

C-n: *Quita la silla y el pedestal de A-t de entre los Pilares a un lugar inmediatamente al este de la estación de C-n.*

[H-r: *Mueve la silla y el cetro se alejan del portal para dejar el mayor espacio posible a los oficiales del piso para moverse alrededor del candidato con los ojos vendados].*

H-r: *Se asegura de que haya un almohadón listo al oeste del altar para que el candidato se arrodille.*

P-r: *(En la antecámara)* (nombre del Candidato),_____ Tengo instrucciones de preguntarte si entras a este culto por tu propia voluntad, impulsado sólo por un deseo de iluminación y la esperanza de llegar a ser de mayor servicio a la humanidad; consciente de la seriedad de tu decisión; y con la intención de ajustarte alegremente a los usos de nuestra Fraternidad. ¿Te acercas así a nuestro portal?

CAN: Si, así es.

P-r: *Regresa a la estación, entrando al Templo por el portal noroeste si hay uno, se pone de frente a EA, saluda con la Señal de Respeto, y dice:*

Muy Honorable EA.

EA: (Hermano/Hermana) P-r.

P-r:  El Candidato ha manifestado la comprensión (de él/ella) del compromiso que está a punto de emprender y la intención (de él/ella) de conformarse alegremente a los usos y reglas de nuestra Orden. (Se sienta)

A-t: *Después P-r regresa al Templo, A-t supervisa la preparación del candidato. Primero, el candidato es vendado, luego vestido con una túnica blanca, con una túnica negra como prenda exterior. Luego, se enrolla una cuerda tres veces alrededor de la cintura y se ata. Así preparado, el candidato es conducido por A-t a la puerta del Templo, el portal noroeste si hay uno. A-t, puede tener asistentes si hay más de un candidato, toma la mano derecha del candidato con su propia mano izquierda para dirigirlo. Cuando se acercan al portal, A-t dice:*

A-t:  Hijo de la Tierra, levántate y entra en el Camino de la Oscuridad.

      *(Toca \* \* \* en el lado de afuera de la puerta con la empuñadura del cetro.)*

H-r:  Muy Honorable EA, hay una alarma en el portal.

EA:   Averigua qué es e infórmame.

H-r:  *Toma la lámpara, que está retenida durante toda la iniciación, abre la puerta y dice:*

      ¿Quién viene aquí?

A-t:  Un Niño de la Tierra, resucitado de la tumba del error, buscando la Luz al final del Camino de la Oscuridad.

H-r: (Él/ella) viene de su propia (él/ella) voluntad?

A-t: (Él/ella) sí.

H-r: ¿Se le ha recordado a(Él/ella) debidamente la seriedad del compromiso de (Él/ella)?

A-t: (Él/ella) sí.

H-r: Entonces déjenlo (a él/ella) que espere hasta yo haya informado a la EA y a la Logia. *(Cierra la puerta y se pone de frente a EA).* Muy Honorable EA, Hermanos y Hermanas, allí espera un Hijo de la Tierra en el portal, resucitado de la tumba del error y buscando Luz al final del Camino de la Oscuridad.

EA: Viene (él/ella) por su propia (él/ella) voluntad?

H-r: (Él/ella) sí.

EA: Ha sido (él/ella) debidamente recordado de la seriedad del compromiso de (él/ella)?

H-r: (él/ella) sí.

EA: Entonces que (él/ella) entre en el Camino de la Oscuridad en el Nombre del Inefable UNO. Que el C-n y el P-r se unan a la recepción de (él/ella).

C-n/Pur: *C-n se para con el incensario. P-r, con la copa, cruza directamente a la estación de C-n, luego ambos se mueven juntos con la corriente hasta el portal.*

*Mientras ellos se quedan de pie de cara al Oeste, C-n está a la izquierda de P-r's.*

H-r:    (Abre la puerta.) Es la orden del EA que el candidato entre ahora en el Camino de la Oscuridad en el Nombre del Inefable UNO.

A-t: *Conduce al candidato a través del umbral y cierra la puerta. Si hay más de un candidato, se colocan uno al lado del otro, juntos, mirando hacia el Este.*

C-n:    *Sostiene la lámpara de H-r hasta que termine el siguiente discurso.*

H-r:    *Se para frente al candidato y le cierra el paso con un bastón, una mano en la sección blanca y la otra en la negra, sostenida horizontalmente. Presiona el bastón firmemente contra el pecho del candidato para que pueda sentir el obstáculo.*

H-r:    Hijo de la Tierra, impuro y no consagrado, no puedes entrar aquí.

*Quita el bastón de la posición horizontal, camina hacia atrás, y le pide la lámpara a C-n.*

P-r:  *Avanza al Candidato, sumerge el dedo índice derecho en la copa y señales Can. como en el Repaso Místico, diciendo:*

Hijo de la tierra, te purifico con agua.
*(Vuelve a su posición anterior.)*

C-n:  *Avanza al Candidato, los inciensa con triángulo de fuego como en la consagración del Templo, diciendo:*

Hijo de la Tierra, te consagro con fuego.
*(Vuelve a su posición anterior.)*

EA:  Conducir al candidato al pie del altar.

A-t  *lleva al candidato al lado oeste del altar, de cara al Este.*

H-r  *los sigue y se pone detrás del candidato.*

C-n  *se pone de pie a la derecha de H-r.*

P-r  *se pone de pie a la izquierda de H-r de tal manera que C-n ahora está en el lado derecho de P-r.*

EA:  Hijo de la Tierra, ¿de dónde vienes y por qué solicitas la admisión en esta Orden?

CAN:  (Impulsado por A-t) Desde la oscuridad de lo externo/ buscando la Luz del conocimiento oculto en esta Orden/ donde creo que se puede encontrar esta Luz.

EA:  ¿Por qué buscas este conocimiento?

CAN: (Incitado) Busco el conocimiento para poder servir.

EA: ¿A quién ofrece su servicio?

CAN: (Incitado) A la Fuente Única,/ que yo pueda servir a toda la Vida./ A toda la Humanidad,/ que el Imperio de la Luz/ y el Reino de la Armonía/ puedan manifestarse aquí en la Tierra./ A mi propio Ser Superior, / que mi servicio sea guiado por la Verdad.

EA: _____, ha firmado un compromiso preliminar de mantener en secreto todo lo relacionado con esta Orden. Para confirmar ese compromiso, ahora debes asumir una obligación adicional de mantener inviolables los secretos y misterios de esta Orden. Después de haber recibido mi seguridad de que esta obligación no lo obligará a nada que sea incompatible con sus deberes civiles, morales o religiosos, ¿está dispuesto a tomarla?

CAN: *(No incitado)* Sí, lo estoy.

*EA: Deja libro y cetro en el trono. Avanza por el centro del Templo hacia el lado este del altar.*

*A-n: Va al lado norte del altar, espada desenvainada en la mano derecha, y mira hacia el Sur.*

*A-t: Con el cetro, va hacia el lado sur del altar y mira hacia el Norte. Los tres Oficiales Principales forman un Triángulo.*

*H-r: Se mueve a la esquina noreste del altar, coloca la linterna en el piso y sostiene el bastón en la mano izquierda, dejando la mano derecha libre para sostener la obligación mientras EA lo lee.*

EA: Luego, le ayudarán a arrodillarse sobre ambas rodillas.

C-n/P-r: *Ayudan al candidato a arrodillarse. Cuando Can. está de rodillas, EA continúa:*

EA: Compañeros iniciados, levántense para atestiguar este juramento.

Todos: *Todos: Levántense y quédense de pie durante la obligación.*

EA: Dame tu mano derecha, la cual pongo sobre este símbolo, sagrado y sublime.

*Coloca la mano derecha del candidato, con la palma hacia abajo, tocando el triángulo. A después, coloca su propia mano izquierda, con la palma hacia arriba, sobre el dorso de la mano derecha del candidato.*

EA: Pon tu mano izquierda en la mía.

*Guía la mano izquierda del candidato con su propia mano derecha. Si hay dos candidatos, la mano derecha del segundo se coloca con la palma hacia abajo sobre la mano derecha del primero, la mano izquierda del primero la toma EA en la mano izquierda del segundo y la mano izquierda del segundo se coloca con la palma hacia abajo sobre la mano izquierda del primero.*

# OBLIGACION

EA: Inclina la cabeza y di después de mí:

EA:

Yo, (*repita su nombre completo*),/ en presencia del Señor del Universo/ y de esta Logia/ de Iniciados de (*nombre de la organización*)_____,/ hago, por mi propia voluntad,/ por el presente y en lo sucesivo,/ Me comprometo solemnemente/ a mantener en secreto/ el nombre esotérico de esta Orden,/ los procedimientos en sus asambleas,/ sus ritos,/ signos,/ palabras y señales,/ y cada detalle/ de su instrucción secreta,/ de cada persona en el mundo,/ excepto de uno debidamente iniciado,/ a quien he aprobado y probado,/ de manera que lo reconozco a él o ella/ como un verdadero Iniciado.

Además, mantendré en secreto/ toda la información/ relacionada a la aplicación práctica de la instrucción secreta,/ y también me comprometo/ a no divulgar nada/ sobre los misterios de la Orden/ al mundo exterior,/ en caso de mi renuncia,/ demisión,/ o expulsión del mismo.

Dedicaré mis mejores esfuerzos/ a promover la armonía fraterna/ dentro de esta Orden,/ y el bienestar de la humanidad/ también fuera de la Orden.

Cumpliré fielmente/ las normas de la Orden / y de esta Logia/ en cuanto a la posesión o circulación de algo/ relacionado con uno o ambos;/ ya sea impreso o escrito,/ delineado,/ tallado o modelado;/ ya sea insignia u adorno,/ símbolo, imagen o adjunto;/ y lo devolverá a la Orden/ a pedido;/ ya sea prestado,/ o comprado,/ o copiado por mí./ Y en el caso/ de mi muerte o incapacidad/ se dejarán instrucciones/ a mis representantes/ para devolver el mismo si hacer examinaciones.

Prometo comprometerme/ en el estudio serio del conocimiento oculto,/ y perseverar/ a través de ceremonias y pruebas./ Y cualquier conocimiento o poder oculto que pueda tener ahora/ o que pueda obtener en el futuro/ lo emplearé/ para nada más que para bien.

Todos estos puntos/ Yo, en general y por separado/ sobre este símbolo sagrado y sublime/ prometo observar,/ sin evasión,/ equívoco,/ o reserva mental,/ bajo ninguna pena menor,/ si conscientemente y deliberadamente/ violara cualquiera de estos puntos,/ de ser expulsado de esta Orden/ por mentiroso perjuro/ no apto para la sociedad/ de todas las personas rectas y verdaderas;/ y, además,/ bajo la terrible y justa pena/

*A-n va a un lugar detrás del candidato*

de haberme puesto mí mismo,/ por mi indignidad,/ en oposición a la corriente de esa fuerza fuerte/ de todas las fuerzas,/ que es poder de vida y crecimiento/ a todos los que obedecen su ley,/ y, a los que la desobedecen/ el instrumento de muerte y destrucción,/ ser golpeado/ como por un relámpago del cielo.

A-n:  *Llevando la hoja de la espada, guiándola con cuidado, contra la nuca del candidato, e inmediatamente la quita. Vuelve a una posición al norte del altar, mirando al sur.*

EA/CAN:  Así que ayúdame el Señor del Universo/ y mi propia Alma Superior.

Todos:  Así sea.

Todos: *Siéntese excepto los oficiales y asistentes en el grupo en el altar.*

EA:  *(Separando las manos) Levántate, Neófito recién obligado de (nombre de la organización)* _____.

A-t:  *Listo. A-t ayuda al Neófito a levantarse y le da la vuelta a él/ella para que mire hacia el Norte.*

EA:  Poner al Neófito[2] en el cuarto norte del Templo, el lugar de mayor oscuridad simbólica.

EA/A-n: *Regresa a sus tronos y se quedan sentados.*

H-r:  *Con una lámpara y bastón, avanza hacia el Norte, junto a la estación del P-r.*

A-t:  *Escolta al candidato a una posición inmediatamente detrás de H-r.*

P-r/C-n: *Siga al candidato, uno al lado del otro, en la Procesión, P-r detrás del lado izquierdo del candidato y C-n detrás y a la derecha.*

EA: La Voz de mi Alma Superior me dijo:
"Déjame entrar en el Camino de la Oscuridad.
Soy el único ser en un abismo de Oscuridad.
De la Oscuridad salí antes de mi nacimiento;
del silencio de un sueño primigenio."

Y la Voz de los Siglos respondió a mi alma:
"Yo soy el UNICO que formula en la
Oscuridad."

Hijo de la Tierra, la Luz brilla en las Tinieblas,
pero las Tinieblas no la comprenden.
Que la circunvalación mística tenga lugar en el
Camino de la Oscuridad, con la lámpara
simbólica de la sabiduría oculta para guiar el
camino.

## 1<sup>st</sup> CIRCUMAMBULACION[3]

H-r:   *La Procesión se mueve, H-r al frente, con la lámpara en la mano izquierda y el bastón en la derecha. A-t guía al candidato, y P-r y C-n lo siguen, 3 vueltas en total, con el curso del Sol, contando desde el Oeste del altar.*

EA:   * *(mientras ellos pasan)*

Todos:   *(Cantor suena el tono E. Todos entonan lo siguiente, comenzando después del toque de EA:)*

**Mi palabra irá delante de ti/ Como columna de fuego por la noche/ Y como columna de nube/ Tú la seguirás de día.**[4]

A-n:   * *(mientras ellos pasan)*

## 2<sup>nd</sup> CIRCUMAMBULACION

EA:   * *(mientras ellos pasan)*

H-r:   *La próxima vez que llegue a un punto al sureste del trono de A-n, gira, sosteniendo el bastón por el centro, horizontalmente, solo con la mano derecha. Presiona el bastón contra el pecho del Neófito, como en la recepción.*

H-r:   Hijo de la Tierra, sin purificar y sin consagrar, no puedes entrar en el Camino del Oeste.

## 2nd PURIFICACION Y CONSAGRACIÓN

P-r: *(Signos de Neófito con agua, como antes.)*
Hijo de la Tierra, te purifico por agua.

C-n: *(Incienso al Neófito como antes.)*
Hija de la Tierra, te consagro con fuego.

A-t: Hijo de la Tierra, dos veces purificado y dos veces consagrado, puedes acercarte a la puerta del Oeste.

A-t: *La procesión se mueve hacia el Oeste.*

A-t: *En el Oeste, Neófito se da la vuelta para quedar de frente a A-n.*

A-n: *Se levanta y se pone de frente al Neófito, amenazándolo él/ella con la espada.*

A-t: *La sube y luego la baja rápidamente para que Neófito pueda ver brevemente a A-n.*

A-n: No puedes pasar a través de mi, dice el Guardián del Oeste, a menos que me digas mi nombre.

A-t: *(para el Neofito)* la Oscuridad es tu nombre, el Grande de los Caminos de las Sombras.

A-n:  (*Lentamente hundiendo la punta de la espada*)
El miedo es el fracaso, Hijo de la Tierra, por lo
tanto, sé alguien sin miedo, porque en el
corazón del cobarde no mora la virtud. Tú me
has conocido, así que pasa. (*Se sienta*)

(la *Procesión continua.*)

A-n:  * *(mientras ellos pasan)*

Todos: *Cantor suena en tono sol sostenido. Todos
entonan en esa nota lo siguiente:*

**Soy el Agua de Vida,/ el espejo mudo y
oscuro de la sustancia,/ Reflejándome Yo a
Mí Mismo.**

H-r:  *Al llegar al noreste, gira y obstruye el camino
como antes, diciendo:*

Hijo de la Tierra, no puro y sin consagrar, no
puedes entrar en el Camino del Este.

P-r: *(Signos del Neófito como antes.)* Hija de la Tierra, te purifico por agua.

C-n: *(Incienso al Neófito como antes.)* Hijo de la Tierra, te consagro con fuego.

A-*t:* Hijo de la Tierra, tres veces purificado, tres veces consagrado, puedes acercarte a la Puerta del Este.

A-t: *La procesión se mueve hacia el Este. A-t da vuelta al Neófito para que quede de frente a EA*

EA*: Se levanta y encara al Neófito, amenazando con el cetro.*

A-t*: Lo levanta y luego lo baja rápidamente para que el neófito pueda ver brevemente a EA.*

EA: No puedes pasar a través de mí, dice el Guardián del Este, a menos que me digas mi nombre.

A-t: *(para el Neófito)* Luz que amanece en la oscuridad es tu nombre, la Luz del Día Dorado.

EA: Hijo de la Tierra, recuerda que la fuerza desbalanceada es malvada. La Misericordia desbalanceada no es más que debilidad; la Severidad desbalanceada, es sino opresión. Tú me has conocido, así que pasa, al Altar del Universo. *(Se sienta.)*

*(Se mueve la Procesión.)*

EA:     * *(mientras ellos pasan)*

Todos: *Cantor hace sonar el tono Do. Todos entonan en esa nota lo siguiente:*

> Soy el círculo de la llama eterna, Auto-alimentado./ De este Fuego proceden todas las cosas,/ En éste todas las cosas tienen su ser,/ Y a éste todo vuelve.

*La procesión llega al altar justo cuando se entona la palabra "retorno".*[5]

*H-r/A-t: La procesión se mueve hacia el lado oeste del altar. El Neófito es girado para quedar hacia el Este.*

*A-n: Con espada, va al Norte del altar y se pone de frente al sur.*

*P-r/C-n: de Pie detrás del Candidato, a la izquierda y a la derecha, respectivamente.*

EA: Deja el Trono, portando el cetro, y se para entre los Pilares, de frente al candidato, luego avanza lentamente hacia el altar, diciendo:[6]

EA:     Vengo en el Poder de la Luz./
Vengo en la Luz de la Sabiduría./
Vengo en la Misericordia de la Luz./
La Luz tiene Curación en sus Alas.

# INVOCACION

EA: *(en el Altar)* Deje que al neófito lo asistan para arrodillarse.

A-t: *Asiste al Neófito, luego va al sur del altar y se pone de frente al Norte.*

H-r: *Al mismo tiempo, H-r va por el Norte hacia la esquina noreste del altar, llevando la lámpara y el bastón, y se pone de cara al suroeste.*

EA/A-n/A-t: *Lleva los cetros y espada sobre el altar de modo que el hexagrama descanse sobre la punta de la espada, y el pentagrama los cubra a ambos.*

EA: Compañeros iniciados, párense conmigo para invocar al Señor del Universo.

Todos: Se levantan.

EA: Señor del Universo, el Inmenso, el Poderoso, Gobernante de la Luz y de las Tinieblas. ¡Te adoramos! ¡Te invocamos! Mira con favor a este Neófito que se arrodilla ante Ti, y concédele Tu ayuda a las más altas aspiraciones de su alma (él/ella), para que (él/ella) pueda demostrar ser un (Hermano/Hermana) verdadero y fiel entre nosotros. A la gloria de Tu Nombre Inefable.

Todos: **Amen.**

EA/A-n/A-t: *Los oficiales principales rompen la formación de sus insignias sobre el altar.*

P-r/C-n: *Avanza el Neófito y desabrocha la venda, manteniéndolo listo para quitarlo instantáneamente.*

EA: Deja que Neófito sea asistido para que se levante.

C-n/P-r:  *C-n y P-r asisten, manteniendo la venda en su lugar mientras lo hacen.*

EA:    Hijo de la Tierra, por mucho tiempo has habitado en la oscuridad. ¡Abandona la Noche y busca el Día!

Todos: *En la palabra "día", la venda se la quitan repentinamente y todos aplauden fuertemente, una vez, tomando el tiempo de A-t.*

EA/A-n/A-t: *De pie en el Altar para la Invocación, una los puntos de la insignia como antes, de modo que el punto de unión quede sobre la cabeza del Neófito.*

EA:    (Hermano/Hermana) __(nombre)_____ .

Todos: Te recibimos en la compañía de los Iniciados     de     (*nombre     dela organizacion*)_____.

EA/A-n/A-t:    *Bajen sus cetros y espada.*

P-r/C-n: *Regresen a sus estaciones, con el Sol, y siéntense.*

Todos: Todos siéntense *excepto EA, A-n, A-t, y H-r.*

# NOMBRE SECRETO[7]

EA: Atiende la manifestación de nuestro nombre secreto.

EA:    _
A-n:   _
A-t:   _

Todos:   *Cantor suena el tono E., y tonos entonan:*

— — —

| EA | A-n |
|---|---|
| Alfa | O |
| Primero | L |
| Comienzo | E |

A-t:   Y el camino del W_ _ _ entre.

| EA | A-n |
|---|---|
| Amanecer | T |
| Idea | F |
| Radiante | E |

A-t:   Y el camino de L _ _ _ _ entre.

| EA | A-n |
|---|---|
| Juventud | A |
| Aumento | D |
| Previsión | A |

A-t:   Y el camino de H_ _ _ _ _ _ _ entre.

# LAS PALABRAS MISTICAS

EA:   Khabs.     *

A-n:  Am.       *

A-t:   Pekht.    *

A-n:  Konx.    *

A-t:   Om.      *

EA:   Pax.      *

A-t:   Luz.      *

EA:   In.        *

A-n:  Extensión. *

## LAMPARA de H-r

EA:   Deja avanzar al H-r.

H-r:  *Se acerca a la esquina noreste del altar y sostiene la lámpara a la altura del pecho.*

EA:   En todas tus peregrinaciones por las tinieblas, la lámpara del H-r iba delante de ti, aunque tú no la veías. Es el símbolo de la luz de la sabiduría oculta, que los profanos no ven, ni conocen. (Pausa.) Que el Neófito sea conducido al Este del altar.

EA:   *Regresa al trono, donde él/ella permanece de pie, mirando hacia el Oeste.*

A-t: *Conduce al Neófito por el Norte hacia el lado este del altar y le dice al Neófito que se quede allí.*

H-r: Al mismo tiempo, *se mueve al norte del pilar negro a una posición entre los Pilares, mirando al Oeste.*

A-n:  Al mismo tiempo, va, con el Sol, a la posición inmediatamente al oeste del pilar negro y se queda allí, mirando al Oeste.

A-t: Va entre el Neófito y el Altar, con el Sol, a la estación de P-r, luego cruza al Sur, pero al Este de los Pilares, y toma posición inmediatamente al Oeste del pilar blanco, mirando al Oeste.

Así, los tres oficiales principales forman un triángulo; los tres oficiales subordinados forman una línea de Norte a Sur; y el Neófito se pone de frente del H-r, que está entre los Pilares, y al EA, que está en el trono de él/ella.

EA:    *(Después de una breve pausa)* Honorable A-n, delego en ti el oficio de encomendar al Neófito las señales secretas, agarre, palabra y clave actual de este Grado de *(nombre de la organización)*_____, y de supervisar cuarta y última purificación (de él/ella) y consagración. *(Se sienta.)*

A-n:    *Da espada a P-r avanza a una posición entre Neófito y H-r, se pone de cara a Neófito, quien copia cada signo, etc.*

A-n:    (Hermano/Hermana)_____, Ahora procedo a instruirte en el paso, los signos secretos, la empuñadura o ficha y la clave de este Grado:

Avanzar el pie izquierdo unas seis pulgadas.
(Hecho.)
Este es el Paso del Grado.
*(Pone el pie hacia atrás.)*

Los signos son dos: el Signo de la Luz Proyectada y el Signo del Silencio. La primera siempre debe ser respondida por la segunda.

La Señal de la Luz Proyectada se da al avanzar el pie izquierdo unas seis pulgadas como en el paso, y extendiendo ambos brazos... [omitido]

Este alude a la idea raíz de todo nuestro trabajo, la proyección de la Luz de la Vida Universal a través de la obra de la humanidad.

La Señal del Silencio se da colocando el dedo índice izquierdo sobre los labios cerrados. (Hecho) Alude al estricto silencio que le inculca su obligación respecto de todos los procedimientos de la Orden.

El agarre o ficha se da de la siguiente manera. Avanza tu pie izquierdo unas seis pulgadas, tocando el mío de lado a lado y de punta a talón. Extiende tu mano derecha y toma la mía, entrelazando las yemas de los dedos... [omitido]

Observa que la persona dando el agarre, como lo hago ahora, es siempre la primera en... [omitido]

Este es el agarre distintivo del Grado Neófito. Se refiere a las diez emanaciones del Poder de Vida, al surgimiento y caída alternativa de la Fuerza de Fuego, y al intercambio de poder y simpatía entre los Compañeros Iniciados.
(*Sigue manteniendo el agarre.*)

La palabra es _____. esta susurrada de la boca al oído. significa _____, el objeto de nuestra búsqueda y el patrón de nuestras acciones.

La clave actual es _____. Esta se cambia en cada Equinoccio.

H-r: *Se mueve directamente hacia atrás desde la posición entre los Pilares a una posición a mitad de camino entre EA y los Pilares, de cara al Neófito.*

A-n: Ahora los coloco entre las Puertas del Norte y del Sur, en el portal simbólico de la ciencia oculta.

A-n: *Aun sosteniendo la mano del Neófito en el agarre completo, A-n retrocede hacia el Este, atrayendo al Neófito hacia adelante a una posición a mitad de camino entre los Pilares. Luego se sueltan las manos. A-n le dice al Neófito que se quede allí, y si A-n es de 2$^{do}$ Orden, da la vuelta al pilar blanco con el Sol, y cruza el Templo, detrás del Neófito, a la posición anterior, al Oeste del pilar negro, mirando al Oeste. Si A-n está en 1$^{er}$ orden, lleva al Neófito a la posición entre los pilares, pero no pasa a través de ellos, sino que va directamente al Pilar Negro. Toma la espada de P-r.*

# PURIFICACIÓN FINAL

A-n:  Que tenga lugar la cuarta y última purificación y consagración del Neófito.

H-r:  *Levanta la lámpara y el bastón hacia arriba a su lado (de él/ella) en las palabras de purificación y nuevamente en las palabras de consagración, bajándolos cada vez tan pronto como la fórmula se completa.*

P-r:  *Va en diagonal hacia Neófito y queda enfrenta al Neófito. Hace la seña al Neófito con agua, como antes, diciendo:*

(Hermano/Hermana) _____, Te purifico finalmente con agua.

H-r:  *Como antes, levanta el bastón perpendicularmente, con el extremo blanco hacia arriba, sostenido por el centro con la mano derecha. Al mismo tiempo, levanta la lámpara con la mano izquierda. Los baja al final de las palabras de P-r.*

P-r: *Orientada hacia el Este, y rocía como en la Apertura, pero en silencio. Procede en el curso del Sol hasta la estación de C-n, mira al Sur y rocía en silencio. Se mueve a un punto a medio camino entre Neófito y Altar mira hacia el Oeste, y rocía en silencio. Completa la acción desplazándose a un punto frente a la estación de P-r y rocía allí en silencio. Se sienta*

# CONSAGRACIÓN FINAL

C-n: *Cruza el Templo hacia el Norte y va con el Sol a una posición al este y frente a Neófito. Echar incienso Neófito como antes, diciendo:*

> (Hermano/Hermana) _____, Yo te consagro finalmente con fuego.

H-r: *(Sube y baja el bastón y la lámpara.)*

C-n: *Va entre el Neófito y el pilar blanco, a una posición intermedia entre el Neófito y el Altar, se pone de frente al Oeste y se inciensa en silencio hacia el Oeste. Va con el Sol a la estación de P-r, mira hacia el Norte y se inciensa en silencio. Continúe con el Sol se pone hacia el Este, mirando hacia el Este y echa incienso hacia el Este. Completa la acción yendo con el Sol a su propia estación, mirando al Sur y echando incienso allí. Se sienta*

INVESTITURA

EA:  (Hermano/Hermana) A-t, está cumplida la
cuarta y última purificación y consagración del
Neófito, te ordeno que quites la cuerda de su
cintura (él/ella), y la túnica negra que sujeta,
últimos símbolos que quedan del Camino de la
Oscuridad; recibir de (él/ella) el paso, signos,
agarre, palabra, clave actual de este grado; y
para investir (él/ella) con el mandil de un
Iniciado.

A-t: *Entrega el cetro a C-n y pasa directamente al
norte a la Estación del P-r, alrededor del pilar negro,
luego a una posición directamente ante el Neófito.
Se quita la cuerda y la túnica negra y se los entrega
a C-n.*

*En las preguntas que siguen, A-t se encarga de
corregir cualquier error cometido por el Neófito.*

A-t:  Dame el paso del Neófito. (*Hecho.*)
Dame la Señal de Luz Proyectada. (*Hecho.*)
Dame la Señal del Silencio. (*Hecho.*)
Responde a esta señal.

*Da Señal de Luz Proyectada. Neófito responde con
Señal de Silencio o, si es necesario, A-t dice:*
El Signo de la Luz Proyectada siempre es
respondido por el Signo del Silencio.

Dame el Agarre o la Ficha. *Hecho. A-t retiene
el agarre para las siguientes dos preguntas.*

Dame la Palabra de este Grado. (*Hecho.*)
Dame la contraseña actual. (*Hecho.*)

A-t:  *(Recibe el delantal de C-n)*

Por orden del EA, ahora te doy el delantal de un Iniciado. Es una llave para muchos misterios de nuestra Orden, que se te abrirán mientras avances en los Grados. Por sus medidas, conmemora las ideas de Unidad, Amor y Comprensión. Su color azul representa el cielo del atardecer...
[descripción omitida]

Ponte este delantal, amado (Hermano/Hermana), en recuerdo de su significado, y deja que sus lecciones simbólicas te guíen de aquí en adelante.

*A-t: Ayuda al Neófito a ponerse el delantal, luego regresa a una posición al oeste del pilar blanco.*

*H-r: Pasa al sur del pilar blanco y conduce al Neófito hacia el lado oeste del altar, mirando hacia el Este.*

EA: *Se pone de pie y da unos pasos para posicionarse justo frente al trono, sin el cetro.*

> Ahora contemplas al EA de este Templo, acercándose al lado de Neófito (*da el paso*), en el Signo de la Luz Proyectada (*se lo da*), y advirtiéndote que guardes el secreto con el Signo del Silencio. *(se lo da).*[9]

*EA: Continúa por la mitad del Templo, hasta un punto justo al este del altar.*

*C-n: Una vez que EA ha pasado, reemplaza la silla y el pedestal de A-t en su lugar usual entre los Pilares.*

*A-t: Inmediatamente asume la posición, pero se queda de pie.*

*A-n: Durante el siguiente discurso de la EA, A-n da la vuelta al Templo, con el Sol, hasta la estación del Oeste.*

*A-n/A-t: (Juntos, siéntense.)*

EA: (Hermano/Hermana) _____, Te felicito por haber pasado con entereza la ceremonia de tu admisión en _____ Logia No. ___, como un Neófito de (*nombre de la organización*)_____.

> El nombre secreto de esta Orden está oculto a la Primera Orden, como de la profana, por las iniciales _. _. _.[7] El nombre en sí mismo sólo lo conocen los miembros de la Segunda Orden, pero incluso sus iniciales deben ser ocultadas por ti al mundo exterior.

Ahora dirijo su atención a una breve explicación de los principales símbolos de este Grado.

El vendaje colocado sobre tus ojos en tu preparación representaba la oscuridad de la ignorancia. Te cegó a tu verdadera naturaleza espiritual, simbolizada por la túnica blanca con la que entonces fuiste investido. Sobre la túnica blanca, vestías una túnica negra, símbolo de los prejuicios y errores acumulados de los profanos, y atado por la cuerda enrollada tres veces alrededor de tu cintura, mostrando los lazos de la incomprensión que circunscriben las aspiraciones más altas del alma.

El altar ante el cual te encuentras ahora es emblemático del universo existente. Se representa en negro para mostrar la oscuridad y la oscuridad de la Naturaleza en su funcionamiento. De sus cinco lados visibles, los que miran hacia los puntos cardinales están revestidos con los colores de los cuatro elementos y llevan los símbolos de los cuatro signos fijos del zodíaco.

El triángulo blanco del altar simboliza la Luz Divina, el Espíritu Creador, que forma el Universo en la oscuridad. Por lo tanto, representa la luz que amanece en la oscuridad.

La cruz roja, que en este Grado corona al triángulo, se forma abriendo los seis lados de un cubo. Simboliza la Vida y la Acción, pero tiene significados más profundos, que se le explicarán mientras avance a Grados superiores de nuestra fraternidad.

La rosa sobre la cruz, al Este, tipifica el alma humana y sus múltiples deseos, y es también un símbolo del elemento aire.

El pan y la sal son tipos de tierra, de donde proviene nuestro sustento. La lámpara roja es un emblema del fuego universal, velado en formas de tierra. La copa del P-r es un símbolo del agua elemental de purificación.

Las palabras místicas, *Khabs Am Pekht,* que oístes poco después de haber sido sacados a la luz, son los originales Egipcios del Griego *Konx Om Pax,* que se utilizaron en los misterios de Eleusis. Su traducción literal es: "Luz en Extensión", y su significado es: "Que la Luz se extienda sobre ti".

Que el Neófito sea conducido al Este del altar.

H-r:   *Conduce al Neófito, con el Sol, al Este del altar, mirando hacia el Este.*

EA:    La estación del P-r en el Norte North representa los poderes del frío y la humedad.

La del C-n en el Sur marca los poderes del calor y la sequedad.

Los dos pilares son los de Hermes y Salomón. Simbolizan el equilibrio eterno, la Severidad y la Misericordia, activa y pasiva, fija y volátil, y los fenómenos de la polaridad dual del imán. Por medio del conocimiento de su equilibrio se encuentra el camino a la Ciencia Oculta.

Por lo tanto, me interpuse entre ellos para ayudarlos en su Restauración a la Luz; y por lo tanto, fuiste colocado entre ellos al recibir las Señales Secretas de este Grado y para tu purificación y consagración final.

Dos fuerzas enfrentadas, y una que las une eternamente. Dos ángulos basales del triángulo y uno que forma el vértice. Tal es el origen de la creación, oh Neófito; así es la tríada de la vida.

Que el Neófito sea conducido hacia el Norte.

EA:     *Regresa al trono y se sienta.*

H-r:   *Conduce al Neófito hacia el Norte, mirando
hacia el Sur, y le indica con el bastón las estaciones,
tal como se nombran.*

EA:     Mi trono en Oriente simboliza el surgimiento de
la Vida y la Luz. El trono de A-n, frente a mí en
el Oeste, es un emblema del aumento de la
oscuridad y la disminución de la luz. El A-t en
el centro es la síntesis de nuestro equilibrio y
el reconciliador entre la luz y la oscuridad.
El bastón y la lámpara del H-r son la Vara
Mágica y la Luz de la Ciencia Oculta, para
guiarnos a través de la oscuridad.
Tengo el placer de instruir ahora a H-r para que
anuncie que ustedes han sido debidamente
admitidos en la compañía de Iniciados de
(*nombre de la organización*)_____.

(Hermano/Hermana) H-r, Te ordeno que
declares que el Neófito ha sido debidamente
admitido para participar en los secretos y
misterios de este Grado.

# PROCLAMACION

H-r:  Sale el Neófito, diciéndole a él/ella que se quede dónde está, y luego se dirija al frente derecho del trono de EA, saluda al EA, gira con el Sol para quedar hacia el Oeste, levanta el bastón perpendicularmente como en la Apertura, y dice:

H-r:  En el Nombre del ¡Señor del Universo y por orden de la EA, escuchen todos! Yo proclamo que_____ ha sido admitido en debida forma a la compañía de Iniciados de (*Nombre de la organización*)_____.

Todos:  Golpea las manos fuertemente juntas, al unísono, tomando tiempo de A-t.

EA:  Conduce al Neófito al Oeste.

H-r:  Regresa al Norte, pasando por Templo del Sol, hasta la estación de C-n, y cruzando allí, entre A-t y el Altar. Conduce al Neófito con el Sol alrededor del Templo para colocarlo al oeste del altar, de frente a A-n.

EA: Honorable A-n, le delego el deber de pronunciar una breve charla a nuestra (Hermano/Hermana) en su (él/ella) admisión.

A-n: *(Se levanta.)* (Hermano/Hermana) _____, ya has pasado por las ceremonias de su admisión, y lo felicito por ser admitido en esta honorable Orden, cuyo objetivo propuesto es el estudio práctico de la Ciencia Oculta.

Por eso, permítanme aconsejarles que recuerden este día como uno señalado en su existencia y que adopten y cultiven una actitud mental digna de esta Orden.

Con este fin, permítanme primero recomendarles encarecidamente que nunca olviden el debido honor y reverencia al Señor del Universo, porque, así como el todo es mayor que sus partes, así es ese Inmenso mucho más grande que nosotros, cuya existencia se deriva de esa Fuente de Luz Insoportable, que nadie puede nombrar o definir.

Está escrito que los bordes de Su manto de llamas abarcan los confines del Universo, que de Él proceden todas las cosas, y que a Él todo vuelve. Por lo tanto, lo adoramos; por eso lo invocamos; por tanto, en la adoración en Él comienza toda nuestra obra.

En segundo lugar, nunca ridiculicen ni lancen calumnias sobre la forma de religión profesada por otros; porque ¿qué derecho tienen ustedes de profanar lo que es sagrado a sus ojos?

En tercer nunca dejes que el sello de secreto de esta Orden falte en lugar, tu memoria, y cuídate de no traicionarlo con una palabra casual o irreflexiva.

En cuarto lugar, estudien bien ese Gran Arcano, el verdadero equilibrio de la Severidad y la Misericordia, porque cualquiera de las dos desequilibrada no es buena. La Severidad Desequilibrada es crueldad y opresión; La Misericordia desequilibrada no es más que debilidad y permitiría que el error existiera sin control, convirtiéndose así, por así decirlo, en cómplice del mal.

Por último, no se dejen intimidar por las dificultades del camino oculto y recuerden el poder de la perseverancia.   (*Sentados.*)

EA:   Deja que el Neofito sea conducido al Este.

H-r:  *Dirige al Neófito, con el Sol, al pie del trono de EA, mirando hacia EA*

# INSTRUCCIÓN FINAL DE EA

EA:

Antes de que puedas pasar al siguiente Grado más alto de esta Orden, debes aprender de memoria los rudimentos del Conocimiento Oculto y haber aprobado satisfactoriamente la examinación de tus Jefes para este Grado de Neófito.

Los libros de rituales, la Lectura del Conocimiento y las Lecturas Explicativas se las entregarán los C-s cuando firmes tu nombre en la lista de esta Logia.

Se espera que tú logres la competencia necesaria dentro de seis meses después de tu iniciación. También se espera que asistas a nuestras reuniones a menos que las circunstancias inevitables impidan tu asistencia, en cuyo caso debes notificarlo a los C-s con anticipación.

Se recomienda un estudio exhaustivo de los rituales y de las conferencias.   De este modo, asentarás adecuadamente los cimientos del conocimiento y la formación sobre los que se levantará toda tu construcción posterior.

H-r:   El *Neófito de cara hacia el Oeste.*

EA:   Hermanos y Hermanas de (*nombre de la organización*)_____, saluden a nuestro recién admitido (*Hermano/Hermana*) con las señales y denles la bienvenida a nuestra compañía.

Todos: *Levántense, siguiendo el ejemplo del EA, den ambas señales y digan juntos:*

Todos: ¡Salve, el despertado! Que la luz se extienda sobre ti.

EA: Conducir al Neófito a su (él/ella) lugar.

Todos: *Todos permanecen de pie.*

H-r: *Conduce al Neófito al asiento en el noreste, más cercano a la estación de P-r, llevándolo alrededor del Templo en el curso del Sol.*

*Se sienta el nuevo Neófito.*

*Entonces, EA se sienta.*

*Todos se sientan menos H-r.*

EA: (Hermano/Hermana) H-r, presentar al Neófito la bandeja de nombres de Aspiración para que lo seleccione.

*H-r: Se levanta, saluda y procede a darle las instrucciones caminando directamente hacia el Neófito sentado en la sección 0 = 0 del Templo y presenta la bandeja con varios sobres sencillos, cada uno con un solo nombre de aspiración. El Neófito seleccionará un sobre al azar y se lo entregará al H-r sin abrirlo. Si más de un miembro selecciona un lema, el H-r identificará correctamente los sobres seleccionados que les entregan para evitar confusiones al hacer la selección. H-r se queda ante el Neófito para recibir más instrucciones del EA.*

*EA: Al finalizar la selección e identificación de los sobres seleccionados por H-r, dice:*

EA: Tráeme el nombre(s) seleccionados de Aspiración.

*H-r: Lleva el sobre(s) seleccionados al EA, caminando directamente hacia el trono; entrega el sobre(s) seleccionado al EA; luego regresa a la estación, siguiendo el curso del Sol.*

EA:   (*Abre el sobre.*)   Hermano y Hermana, nuestro (Hermano/Hermana) _____, habiendo alcanzado aquella estación en el Camino de Retorno donde conviene formular la Aspiración de su Alma, (de él/ella), en adelante será conocido y dirigido entre nosotros como (Hermano/Hermana) _____   _____, El cual significa _____. Que el Señor del Universo te ayude y guíe (él/ella) en sus (él/ella) esfuerzos para construir un Templo de Servicio en esta fundación.

*Repite esta charla y la que sigue, para cada Neófito, si hay más de uno.*

Todos:   Y que la Luz se extienda sobre ti.

EA:   *

A-n:   *

A-t:   *

## RECESO

EA:  *Declara un receso para que los Neófitos recién iniciados puedan ser felicitados e instruidos sobre cómo participar en la Comida Mística.*

EA:  \* \* Ahora declaro una suspensión del trabajo en este Templo hasta que los Iniciados sean rellamados a sus puestos y lugares por el H-r.

## FIN DE LA INICIACIÓN DE LA CEREMONIA

[1] שער הפרס חכמה

| שער | הפרס | חכמה |
|---|---|---|
| Sha.ar | (ha)p'ras | Chokmah |
| Puerta | (el) recompensa, premio. | Sabiduría |

[2] Nota que después de la obligación, el candidato es ahora un neófito.

[3] Formación del triángulo con P-r, C-n y H-r
Durante la circunvalación, los 3 oficiales se mueven al unísono para mantener la formación del triángulo alrededor del candidato. Esto es para proteger al candidato de las influencias negativas.

El A-t sostiene el brazo del candidato con los ojos vendados. Cuando el P-r se mueve al frente de la formación para purificar al candidato, el H-r se mueve al lugar del C-n y el C-n se mueve al lugar del P-r.

Los tres oficiales rotan nuevamente cuando es el turno de C-n para consagrar al candidato. Una vez que termina el C-n, los tres oficiales rotan a su posición original.

Aunque el H-r encabeza la procesión, el A-t tiene que maniobrar al candidato con los ojos vendados hacia el altar y alrededor del templo. Esto requiere que el H-r lo dirija mientras tiene ojos en la parte posterior de la cabeza.

[4] Palabras en **Negrita** son cantadas en una sola nota.

[5] Está bien que el H-r esté varios pies delante del A-t quién lleva al candidato. El candidato debe estar en el altar cuando la palabra de **retorno** es cantada. Dele al A-t y al candidato mucho espacio.

[6] Aunque el candidato tenga los ojos vendados, es mejor tener este discurso memorizado. Con cada línea, dé un paso hacia el candidato para que su voz suba sin aumentar el volumen. El EA debe llegar al altar cuando "Sanación en sus Alas" sea pronunciada.

[7] Las tres letras y su canto son omitidas.

[8] Le dan la primera letra de la parte de A-n.

[9] Lo mejor es practicar y memorizar este discurso para dar la máxima impresión en el iniciado.

# CAPITULO 3

# EL EQUINOXIO

CEREMONIA DE APERTURA DEL EQUINOXIO

PROCLAMACION

ANTIFONIA

DIMISIÓN DEL CARGO

ADORACIÓN AL SEÑOR DE LOS ELEMENTOS

CLAVE SEMESTRAL

TOMA DE POSESIÓN

CONFESIÓN DE EA

PURIFICACIÓN

CONSACRACIÓN

CIRCUNVALACIÓN MÍSTICA

INVOCACIÓN

DECLARACIÓN

PALABRAS MÍSTICAS

LOS SIGNOS

RECESO

FIN DE LA APERTURA

# CEREMONIA DE CLAUSURA

La Ceremonia de Clausura es la misma para cada ritual.

LAS SEÑALES

PURIFICACION

CONSAGRACIÓN

LUZ Y SONIDO

CIRCUMAMBULACION REVERSA

ADORACION

REPASO MISTICO

PALABRAS MISTICAS

DECLARACION

FIN DE LA CLAUSURA

# Similitudes Entre los Dos Rituales

El Ritual de Equinoccio de Paul Foster Case es similar al del Aura Dorada hasta la Confesión de EA.

1. La PROCLAMACIÓN es muy similar en los dos rituales

2. Las palabras de la ANTIFONÍA son exactamente las mismas.

3. Las palabras de RENUNCIA y ADORACIÓN AL SEÑOR DE LOS ELEMENTOS son casi las mismas.

4. Ambos rituales otorgan una nueva CLAVE SEMESTRAL.

5. La estructura de la ASUNCIÓN DEL OFICIO es la misma, pero la GD es más elaborada.

6. Excepto por dos palabras, la CONFESIÓN de EA es la misma en los rituales GD y PFC.

# Diferencias Entre los Dos Rituales

1. En la PROCLAMACIÓN, el ritual GD anula la contraseña del semestre.

2. En la ANTIFONIA, todos dan las señales al altar en el ritual GD. Sin embargo, solo los oficiales dan las señales al centro en el ritual del PFC mientras que A-t lo da al altar. Esto enfatiza las imágenes de la cruz de brazos iguales.

3. En el PFC RENUNCIA AL CARGO, los lamens se renuncian con los implementos de los oficiales y los se dejan sobre el altar. Para ganar espacio, se cubren las mesas con un mantel negro que vaya a con el altar. Por lo demás, todo se apila cuidadosamente sobre el altar. Esto requiere práctica.

4. El ritual del PFC presta especial atención al anuncio del Equinoccio y luego al otorgamiento de la CLAVE DEL SEMESTRE.

5. En el ritual GD, primero, los Jefes instalan al Hierofante (EA). Luego se llama al Hierofante a que haga su CONFESIÓN. Posteriormente, los otros nuevos oficiales reclaman sus implementos de oficio.

6. La Ceremonia del Equinoccio GD termina después de la ASUNCIÓN DEL CARGO.

# RITUAL DEL EQUINOCCIO

שער הפרס חכמה

## APERTURA

*Esta Ceremonia de Apertura se utilizará en lugar de la Apertura regular 0=0, en la reunión celebrada en el Equinoccio o un día después del Equinoccio, lo que sea conveniente. En todo caso, deberá celebrarse durante la semana siguiente al Equinoccio. Esta reunión puede hacerse en lugar de la reunión regular del mes en que ocurre el Equinoccio, pero la hora de la reunión del Equinoccio siempre debe ser en la fecha del Equinoccio o durante la semana siguiente. El Cierre es el mismo que el Cierre normal 0=0.*

*Antes de la reunión, el H-r ordena los muebles como en la Apertura 0=0, excepto que la Copa del P-r se coloca sobre el Triángulo en el altar. Luego, cuando H-r le haya notificado a EA que todo está listo y haya abierto el portal (o portales), los miembros deben hacer fila para entrar. El orden de entrada es: P-r; C-n llevando el incensario; A-t; A-n; Superior 4=7 miembros; 0=0 miembros; 1=10 miembros; Junior 4=7 miembros; 3=8 miembros; y 2=9 miembros.*

H-r:      *Abre el portal y regresa a la primera estación, mirando al Norte si el Portal está en el Sur-Oeste [o al Sur si el Portal está en el Noroeste], con el bastón levantado en un ángulo de 45 ° y la lámpara sujeta en el corazón.*

EA:    * * *   Hermanos y Hermanas, tomen sus estaciones y lugares.

112

Todos: *Los miembros y oficiales ingresan en el orden descrito anteriormente, pasando el portal con la presente Contraseña y Signos del Neófito, y se dirigen directamente a sus estaciones o asientos, donde se quedan de pie.*

H-r: *Cuando todos están en sus lugares, se cierra el portal.*

EA: *Siéntense.*

EA: *Sentados.* Todos: *Siéntense.*

EA: V.H.H. (Hermano/Hermano) I-r., por favor haga el Ritual Menor de Destierro del Pentagrama.

I-r: (Realice el LBRP)

EA: * *(se levanta)*

Todos: *(se levantan)*

EA: Hermanos y Hermanas de la _∴_∴_∴[1], celebremos el festival del (Vernal/Otoñal) del Equinoccio. (Hermano/Hermana) H-r, proclamar el hecho.

H-r:  *Va al frente a la derecha de EA, como de costumbre, saluda como en la Apertura 0=0, mirando hacia el oeste, levanta el bastón y dice:*

En el Nombre del Señor del Universo y por mandato del EA, proclamo el Equinoccio (Vernal/Otoñal). (*Regresa a la estación.*)

EA:  Déjanos, según la antigua costumbre, consagrar el regreso del Equinoccio (Vernal/Otoñal).

EA:     Luz             A-n:    Oscuridad
        Este                    Oeste
        Aire                    Agua

A-t:    Soy el Reconciliador entre ellos.

*EA y A-n: Da la señal de Luz Proyectada y Señal de Silencio al A-t (centro del templo). A-t da señales al altar.*

C-n:    Calor       P-r    Frío
        Sur                Norte
        Fuego              Tierra

A-t:    Soy el reconciliador entre ellos.

*P-r/C-n: Les da a ambos las señales para el A-t.*

A-t: *Da señales hacia el altar.*

EA:     Un Creador.

C-n:    Un Preserverador.

A-n:    Un Destructor.

P-r:    Un Redentor.

A-t:    Un reconciliador entre ellos.

*Todos: Los cinco Oficiales dan ambas señales al centro del templo (estación de A-t). A-t da señales hacia el altar. Los oficiales permanecen de pie. Los miembros se sientan.*

# RESIGNACION DE OFICIO

Ofc.:   *Los oficiales salientes, a su vez, comenzando con el EA [EA [EA, PA, A-n, A-t, H-r, C-n, P-r, Sent.] se quitan los mantos y las insignias de su oficio [EA se deja su manto hasta más adelante en la ceremonia], abandonen sus puestos por el lado izquierdo, y vayan con el Sol al Este del Altar, mirando hacia el Oeste. Entonces, excepto el P-r, cuya copa ya está sobre el Triángulo en el altar, cada uno levanta su lamen y su implemento de oficio y dice:*

En el nombre de A _ _ _ _[2], Yo resigno mi (*nombre del implemento y lamen*).

*Luego, coloca sobre el altar su insignia (él/ella), es decir, cetro, espada, incensario y bastón.*

A-t:  A-t se para en el lado sur del altar hasta recibir la Lámpara de H-r.

P-r:  *P-r dice esto también, aunque (él/ella) no lleva la copa al altar.*

*Ofc.: Inmediatamente después de renunciar a su insignia, los oficiales recogen un símbolo del altar. El EA toma la rosa, A-n la copa, H-r no toma nada pero entrega su lámpara a A-t, quien la espera en el altar. EA y A-n regresan a las estaciones, con el Sol, tan pronto como dejan las insignias y toman la rosa y la copa. A-t regresa a su estación tan pronto después de haber recibido la lámpara de H-r. H-r regresa a su estación tan después de haber colocado el bastón en el altar y haya entregado su lámpara. C-n toma lámpara roja, P-r toma pan y sal. Ambos regresan a sus estaciones. Los oficiales se quedan de pie, mirando como de costumbre y sosteniendo símbolos tomados del altar.*

EA:    (Hermano/Hermana) H-r, avanza al Norte.

*Todos: Los miembros, encabezados por Segunda Orden y en precedencia de Grados, dejan sus lugares y forman en el cuarto Noroeste del templo. H-r se encuentra al Norte, y otros se forman detrás de H-r a lo largo del lado noroeste, mirando hacia el este.*

*H-r los conduce hacia el Este, donde son ordenados a lo largo del lado Este del templo, en tantas filas como sean necesarias. H-r al final en el sureste de la primera fila. Siguiendo el ejemplo del H-r, la procesión mira hacia el Este.*

# ADORACION AL SEÑOR DE LOS ELEMENTOS

EA:  *(Sosteniendo la rosa en la mano de cara al oeste, dice:)*

Adoremos al Señor del Universo.
*(Mirando hacia el Este y levanta la rosa)*
Santo Eres Tú, Señor del Aire,
¡Quien creó el firmamento!
*(Hace el símbolo de Acuario* ♒ *con la rosa. Pone la rosa en el pedestal.)*

Todos.:  *Dar ambos signos hacia el Este.*

EA:  *Mirando hacia el Oeste de nuevo.*

H-r:  *Se mueve la procesión al Sur hacia el C-n. H-r al frene de la línea de los miembros. Siguiendo la dirección de H-r, la procesión se pone de frente hacia el Sur.*

C-n:  *(Sosteniendo la Lampara Roja y hacia el Norte, dice:)*

Adoremos al Señor del Universo.
*(Mira al sur y levanta la Lámpara Roja.)*
Santo eres Tú, Señor del Fuego,
¡En el que Tú has mostrado el trono de Tu Gloria!

*(C-n hace el signo de Leo,* ♌ *en el aire con la lampara. La pone abajo en el pedestal.)*

Todos:  *Dan ambas señales hacia el Sur.*

C-n:  *Se pone de frente hacia el Norte de nuevo.*

H-r:  *Mueve la procesión al Oeste, hacia el frente de la estación de A-n. H-r en el extremo noroeste de la primera línea de miembros.*

A-n:   *(Sosteniendo la copa en las manos y mirando hacia el Este dice:)*

Adoremos al Señor del Universo.
*(Se pone de frente hacia el oeste y levanta la copa).*
Santo eres Tú, Señor de las Aguas,
¡En lo que Tu Espíritu se movió desde el Principio!
*(A-n traza con la copa el simbolo de Escorpio ♏.*
*Pone la copa abajo en el pedestal.)*

Todos:  *Dan ambas señales hacia el oeste.*

A-n:   Se pone mirando hacia el Este.

H-r:   Se mueve la *procesión hacia el Norte, de frente a la estación de P-r.  H-r al extremo Noreste de la primera línea de miembros.*

P-r:   (Hacia el Sur, *Sosteniendo la patena de pan y sal, dice:)*
Adoremos al Señor del Universo.
*(Mira hacia el Norte y levanta la patena de pan).*
Santo eres Tú, Señor de la Tierra,
¡La cual has hecho estrado de tus Pies!
*(P-r traza el símbolo de Tauro ♉ con patena de pan y sal. Pone la patena sobre un pedestal.)*

Todos:  *Dan ambas señales hacia el Norte.*

P-r:   *Vuelve a mirar al Sur.*

Todos:  *Los miembros ahora regresan a sus lugares usuales, siguiendo el curso del Sol alrededor del templo.*

H-r:   *Regresa a la estación.*

Todos:  *Mirando en la dirección usual.*

119

A-t:    *(Mirando hacia el Oeste)*

Adoremos al Señor del Universo.
*(Levanta la linterna de H-r y hace una pausa.)*
Santo eres Tú, Quien está en todas las cosas.
Si subo al Cielo, allí estás Tú.
Si desciendo al Infierno, ahí también estarás Tú.
Si tomo las Alas de la Mañana y vuelo hasta los confines del Mar, aun ahí me guiará Tu Mano, y me asirá Tu diestra.
Si digo, ¡Si Quizás, la oscuridad me cubriera, incluso la oscuridad será Luz para Ti!

¡Tuyo es el Aire con su Movimiento! –
*EA levanta el implemento.*
¡Tuyo es el Fuego con su Llama Resplandeciente! –
*C-n eleva el implemento.*
¡Tuyo es el Agua con su Flujo y Reflujo! –
*P-r eleva el implemento.*
¡Tuya es la Tierra con su Perdurable Estabilidad! –
*A-n levanta el implemento.*
*A-t hace una cruz con la linterna de H-r. Pone la linterna en el pedestal.*

Todos:    *Dan ambas señales al altar.*[4]

Ofc.:  *EA, A-n, A-t, C-n, y P-r, a su vez, devuelva al altar la rosa, la copa, la lámpara de H-r en el centro del altar, la lámpara roja y el pan y la sal. Cada oficial regresa a su estación, moviéndose con el Sol tan pronto como ha puesto su símbolo en el altar. Todos se paran al Este del Altar, mirando al oeste, mientras reemplazan sus símbolos. Cada oficial, excepto EA, ahora vuelve a sentarse con su Grado, dejando vacante todo menos el trono de EA.*

Pr-l: Es el tiempo del día y de la noche iguales. Cuando las fuerzas de la luz y la oscuridad penden de un hilo. Por ahora, es *Equinoccio.*

*Después de hablar "Equinoccio," suena un gong, y el Pr-l, u oficial designado, espera un momento en silencio y anuncia la nueva Contraseña el Semestre.*

Pr-l: La palabra para el semestre que comienza en el Equinoccio Vernal/Otoñal, _____ (año) es _____. Esta nueva palabra reemplazará a la vieja como la contraseña dada al H-r al entrar al templo en todas las reuniones después del Equinoccio.

*Los oficiales entrantes pasan ahora al altar, en el orden de EA, PA, A-n, A-t, H-r, C-n, P-r y el Centinela o, si los mismos oficiales conservan sus puestos, van uno por uno y toman sus insignias. Cada oficial, a su vez, dice:*

Ofc.: Por y en nombre de A _ _ _ _ _ _,[2]
Yo reclamo mi
(*nombre del implemento y lamen*).

*(Los Oficiales toman sus nuevas estaciones.)*

*(EA saliente otorga el manto a EA entrante)*

Todos:  *Se sientan.*

P-r:

Hermanos y Hermanas del Orden de _/_/_/[1], he aquí, eres EA, instalado y entronizado, y por el poder que se me ha otorgado, proclamo (a él/ella) al Revelador de Misterios entre ustedes durante los siguientes seis meses, siendo parte de ese período temporal a través del cual somos conducidos a la Luz .

Muy Honorable (Hermano/Hermana), en presencia de los Hijos de su Templo, yo los llamo a hacer su Confesión.

EA:

*(Se levanta)* Hermanos y Hermanas de _∴_∴_∴, viendo que toda la intención de los Misterios Menores, o de la iniciación externa, es por la intervención del Símbolo, Ceremonial y Sacramento, conducir al Alma para que pueda ser retirada de la atracción de la materia y liberada de la absorción en ella por la cual ella camina en tinieblas, sin saber de dónde viene ni adónde va; y viendo también, que así retirada, el Alma por verdadera dirección debe llevarse al estudio de las Cosas Divinas, para que ofrezca el único sacrificio puro y aceptable, que es el amor expresado a Dios, a la Humanidad y al Universo; ahora, pues, les confieso y doy testimonio de ello, desde mi trono en este templo, y les prometo, en cuanto esté en mi mano, guiarlos por los Ritos de esta Orden, fielmente conservados y exhibidos con debida reverencia, que por medio de ese amor y el sacrificio, podrán estar preparados a su debido tiempo para los Misterios mayores, la Iniciación Suprema e interior. *(Se sienta.)*

(Hermano/Hermana) H-r, por favor vea los artículos en el altar que están correctamente arreglados.

H-r:  *Va hacia el Altar y ordena los artículos correctamente y regresa a la estación.*

# PURIFICACIÓN

EA: (Hermano/Hermana) P-r, Los mando a purificar el Templo y los Iniciados con Agua.

P-r: *Avanza en diagonal desde la estación al Este del templo, ante el trono de EA, llevando la copa en ambas manos. Frente a EA, P-r da la señal de respeto, a esto EA responde de forma usual. P-r luego sostiene la copa en el centro del corazón y dice:*

Yo purifico por el Agua.

*Sumerja el pulgar derecho, el índice y el dedo medio juntos en la taza de agua y rocíe 3 veces hacia el Este para formar los puntos de un triángulo de agua:*

1        2

3

*P-r luego gira en su lugar para quedar de frente a C-n en el Sur y dice:*

Yo purifico por el Agua.

*P-r rocía de nuevo, luego mira hacia el oeste y dice:*

Yo purifico por el Agua.

*Rocía luego se pone de frente a su estación en el Norte y dice:*

Yo purifico por el Agua.

*Rocía una cuarta vez, luego vuelve a mirar hacia el este, hace la Señal de respeto, gira con el Sol para mirar hacia su propia estación y camina directamente hacia ahí. En la estación, pone la copa en el pedestal, mira al EA y dice:*

P-r:   El Templo está limpio.

*(Permanece de pie en la estación, mirando al sur, durante la consagración.)*

EA:    (Hermano/Hermana) C-n, los mando a consagrar el Templo y los Iniciados con Fuego.

C-n:   *Prepara el incensario con incienso fresco. El incensario debe estar echando humo activamente. Avanza en diagonal desde la estación al Este del templo, ante el trono de EA, llevando el incensario en ambas manos. Mirando hacia el Este, C-n da la Señal de Respeto, a la cual responde el EA. Luego, sosteniendo el incensario a la altura del corazón, C-n dice:*

C-n:   Yo consagro con Fuego.

C-n:   *Rocía incienso con tres empujes hacia el Este, para formar las puntas de un triángulo de fuego, así:*

1

2     3

*Gira en su lugar para mirar hacia su propia estación, y dice:*

Yo consagro con Fuego.

*Incienso nuevamente mira hacia el oeste y dice:*

Yo consagro con Fuego.

*Rocia incienso y se pone de frente a la estación de P-r y dice:*

Yo consagro con Fuego.

*Rocía incienso la 4<sup>ta</sup> vez, mira hacia el este, hace la*
*Señal de Respeto, gira con el Sol para mirar hacia*
*su propia estación y camina directamente hacia ahí.*
*En la estación, coloca el incensario en el pedestal,*
*se pone de frente a EA y dice:*

C-n:   El Templo está consagrado.

*(Permanece de pie en la estación, mirando al Norte.)*

EA:     *(Se levanta.)* Que se realice la Circunvalación Mística en el Camino de la Luz.

Todos:     *A la palabra "Luz", todos los miembros se levantan y forman la procesión en el Norte.*

Formación con los Miembros en Todos los Grados

*Cuando toda la procesión está en movimiento, es en el siguiente orden: H-r, A-t, I-r, C-s, PA, 2do Orden de Miembros, A-n, 0=0, P-r, 1=10, 2=9, C-n, 3=8, Jr. 4=7, Sr. 4=7.*

EA: *Cuando los oficiales y miembros hayan llegado a las estaciones y lugares usuales:*

La circunvalación mística está cumplida. Es simbólico de la Luz naciente.

EA: *Espera hasta que el miembro designado vaya al interruptor de la luz, encienda la luz y regrese.*

EA después continua:

EA:     Invoquemos al Señor del Universo.

# INVOCACION

Todos:  *(Mirando al Este.)*

EA:  *(Levanta el cetro.)* Bendito sea Tu Nombre, oh Señor del Universo, por los siglos de los siglos. A los miembros de esta Orden sé Propicio y concédeles por fin el Summum Bonum, porque el don de la Sabiduría Perfecta, el don de la Piedra Sagrada están Contigo en Tu Luz Eterna, por el Poder del Nombre Secreto.

Todos: **Amen.**

*Los miembros saludan con ambos signos. Los oficiales bajan sus insignias. Todos de frente como es usual.*

EA:  (Hermanos/Hermanas) H-r, en el Nombre del Señor del Universo, les ordeno que declaren que el Equinoccio (Vernal/Otoñal) ha regresado y que este templo ha sido sintonizado con las fuerzas secretas que operan hasta el Equinoccio venidero.

## DECLARACION

H-r:  *Avanza al frente derecho de EA, saluda como es usual y mirando hacia el oeste, sosteniendo el bastón en alto, dice:*

En el Nombre del Señor del Universo y por mandato de la EA, declaro que el Sol ha entrado (Aries/Libra), el signo del Equinoccio (Vernal/Otoñal) y que este templo ha sido sintonizado con las fuerzas en operación para el semestre que sigue.

*(H-r regresa a su estación él/ella con el Sol.)*

# PALABRAS MISTICAS

EA:   Khabs.        *
A-n:  Am.           *
A-t:  Pekht.        *

A-n:  Konx.         *
A-t:  Om.           *
EA:   Pax.          *

A-t:  Luz.          *
EA:   In.           *
A-n:  Extension.    *

## LOS SIGNOS

EA:   Hermanos y Hermanas, los signos.

Todos: *Miembros y Oficiales dan las señales.*

EA:   *EA se sienta.* Todos: *se sientan.*

## RECESO

EA:   * * Ahora declaro una suspensión del trabajo en esta Logia hasta que los Iniciados sean llamados a sus puestos y lugares por el H-r.

## FINAL DE LA APERTURA

## CEREMONIA DE CLAUSURA

El cierre del Equinoccio es el mismo que el del Capítulo 1, Ritual del Neófito.

# CAPITULO 3 NOTAS

[1] 1 Las letras del Nombre Secreto se suprimen.

[2] Se indica la primera letra del nombre.

[3] Una descripción detallada de la Circunvalación Mística se encuentra en las Notas del Capítulo 1.

[4] Nótese que los signos se dan en el altar con todos los implementos de los oficiales encima.

# CAPITULO 4

## IMPLEMENTOS Y REGALIA

### Jefes

PG con cetro, lamen y manto violeta.

Pr-l con Cetro de Unidad, lamen y manto azul.

I-r con Cetro de Pentalfa, lamen y manto rojo.

C-s con Cetro de la Reconciliación, lamen y manto amarillo.

### Insignia de Oficiales

EA con Cetro de Dominio, lamen y manto rojo.

PA con delantal con ribete rojo y cordones.

A-n con espada, lamen y manto negro.

A-t con Cetro de Equilibrio, lamen y manto blanco.

H-r con lamen, lámpara y bastón.

C-n con lamen, incensario e incienso.

P-r con lamen y copa de Agua

Centinela (según sea necesario) con lamen y espada.

## Regalia de los miembros

Todos los miembros visten túnicas blancas y zapatos o calcetines blancos. (Yo prefiero calcetines. Sentir el suelo del templo bajo mis pies me tranquiliza.)

La ceremonia de PFC no utiliza un tocado de Nemis.

El cordel del Aura Dorada es reemplazado con un delantal. Paul Case era masón, por lo que el delantal tiene influencias masónicas.

En el ritual PFC, las visualizaciones oficiales son arcangélicas y están basadas en las Claves del Tarot.

## Cantos

Teclado eléctrico o xilófono para hacer sonar las notas musicales.

## Miembros

Vestido con ropa interior blanca, zapatos blancos, túnica blanca, tahalí dependiendo del grado y delantal/cordelero.

# CAPITULO 5

## PREPARACION DEL TEMPLO

## PREPARACION PARA LA APRETURA E INICIACION

### Preparación Completa

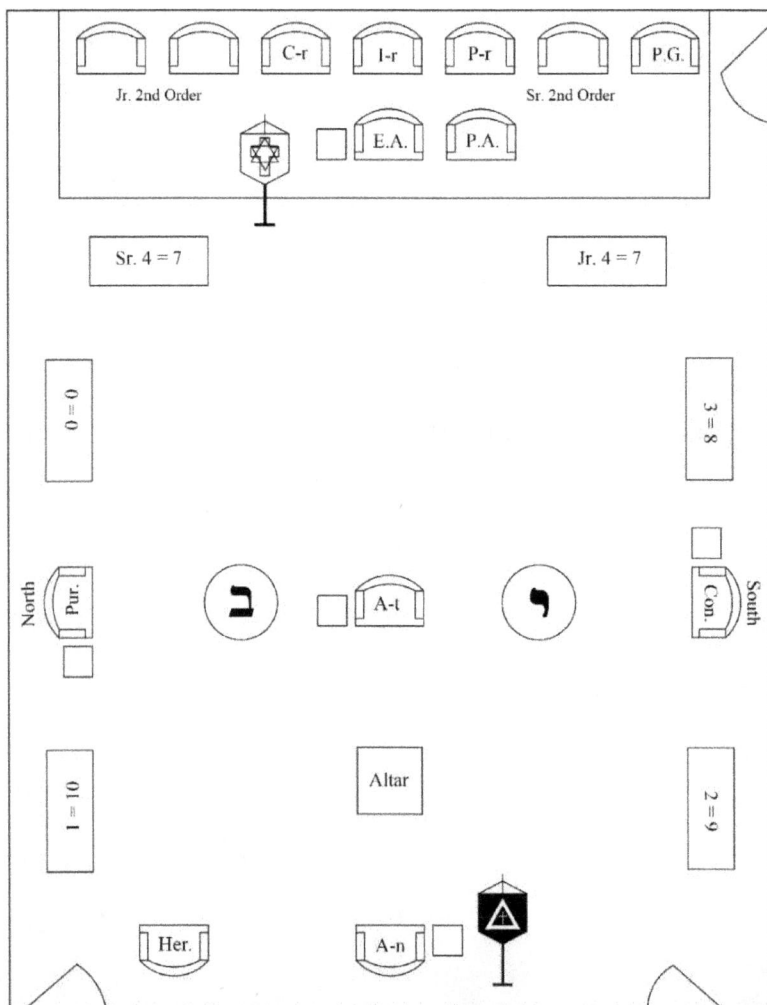

Arreglo para Miembros Visitantes y el Equinoccio

Se necesitan seis personas para abrir una logia como salón de neófitos. Por lo general, los jefes de logia (C-s, I-r y Pr-l) están en el piso realizando el ritual y rara vez se sientan en sus posiciones respectivas, excepto durante la Ceremonia del Equinoccio.

La caja rectangular de la parte superior del dibujo es un piso elevado (estrado) típico de las logias masónicas. En el norte y el sur hay filas de sillas donde los miembros se sientan según su grado.

PA es el Pasado A. Esta posición solo es usada cuando es la primera vez que un individuo es el EA.

La puerta inferior derecha es la entrada usada por los iniciados. La puerta inferior izquierda es por donde entra el candidato.

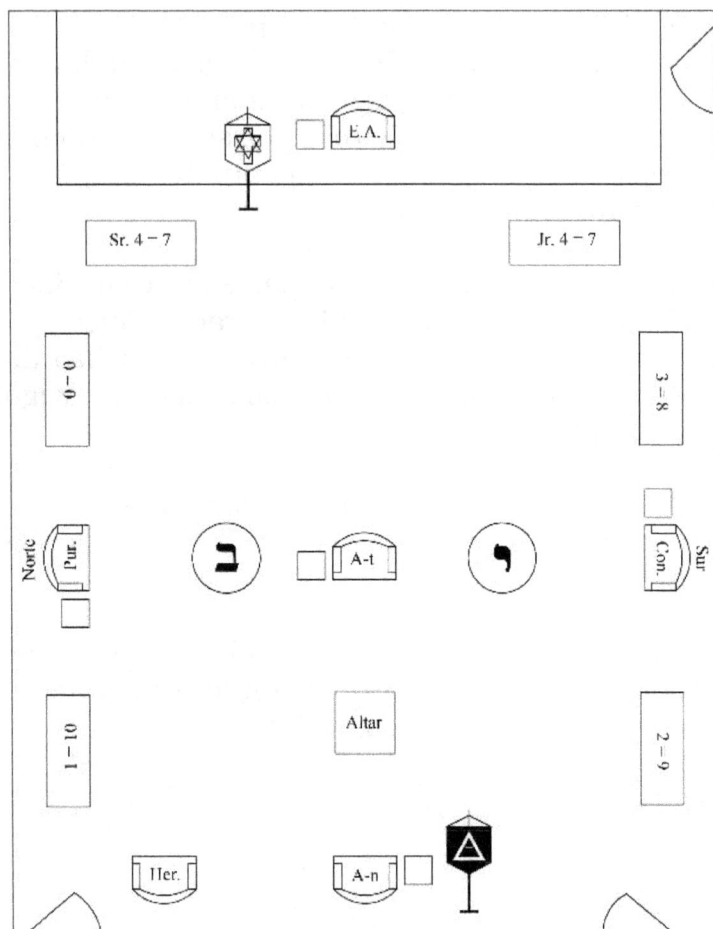

EA está en el Este con una mesa a su mano derecha cubierta con un mantel rojo. (Las bandejas de TV de madera son portátiles y están a la altura correcta).

Sur es la estación de C-n con una mesa a la derecha cubierta con un mantel rojo.

3=8 miembros se sientan mirando al norte, al este de C-n.

2=9 miembros se sientan mirando al norte, al oeste de C-n.

A-n en el oeste con una mesa a la derecha, cubierta con un mantel negro.

Entre el A-n y el portal S.W. es la 1ra estación del H-r. La segunda estación de H-r está frente a la puerta cerrada del Portal. Cuando hay un portal N.W. (abajo a la derecha), como en el diagrama, el lugar de H-r durante la iniciación está al norte de A-n.

Al norte está la estación de P-r con una mesa a la derecha, cubierta con un mantel azul.

0=0 miembros se sientan mirando hacia el Sur, Este del P-r.

1=10 miembros se sientan mirando al sur, al oeste de P-r.

A-t entre los Pilares, mirando al Oeste, con una mesa a la derecha cubierta con un mantel blanco.

## Pilares

Los Pilares se colocan en el centro del Templo, en medio del camino entre las estaciones de EA y A-n, en la estación de A-t.

Los pilares tienen forma de cogollos de loto y usualmente tienen velas puestas en su interior. Sin embargo, se puede derramar cera derretida sobre su ropa o alfombra al quitar los capiteles de los pilares (parte de arriba) al final de la ceremonia. Por eso, es mejor es utilizar luces LED para los pilares.

## Altar

Situado a medio camino entre las estaciones de A-t y A-n. Mantel de altar de cuatro elementos; cruz roja y triángulo blanco en el centro, con la cruz encima del triángulo; rosa roja en la parte este del altar; lámpara roja en el Sur; una patena de pan y sal en el Norte. La copa en el altar está en el Oeste.

## Pancartas

La Pancarta del Este es colocada en el estrado al Norte de la estación EA. La Pancarta del Oeste se pone a la derecha de la A-n.

## Para la Iniciación

El Candidato con rosa roja, túnica blanca, túnica negra sobre túnica blanca, cordel negro, vendaje. Guía con túnica negra exterior y cordel negro. Delantal y bandeja de nombres de aspiración.

## Por Luz y Sonido

Cartas de colores y fuente de luz.

## Otras Insignias

La Carta de la Logia se pone en el Templo.
El Emblema de la Logia se coloca en el Templo. El Emblema de la Gran Logia, cuando se usa, se pone en el Este.

## Velas y Ritual

La mayoría de los edificios públicos tienen códigos anti incendios y estos pueden prohibir usar el fuego dentro de un templo. La vela dentro de la linterna de H-r está encerrada y la luz del altar también está bien contenida.

El mayor peligro de incendio es el incienso de iluminación C-n. Las antorchas de carbón y las chispas que arroja pueden dañar una alfombra.

Como nos reuníamos en una logia masónica con cocina completa, usábamos la estufa de gas para encender el carbón el cual lo sosteníamos con tenazas sobre una llama.

## Etiqueta de Logia Masónica

No mueva los muebles de su logia. Muchos de estos son antiguos e insustituibles. Si usas la cocina, no olvides sacar la basura antes de irte.

Lo mejor es una taza de plata esterlina. La plata necesita limpieza, y un cáliz electro chapado acabará perdiendo la capa de plata. El mejor lugar para encontrar un cáliz de plata es una tienda de monedas que acepte chatarra de plata. Ocasionalmente ellos consiguen alguna copa de plata esterlina. Si el cáliz tiene algún grabado, llévalo a un joyero y ellos podrán pulirlo.

# Enlaces de libros electrónicos
# de Paul Foster Case

**1. SIETE PASOS EN OCULTISMO PRÁCTICO**
https://www.amazon.com.mx/dp/B08RCDKJ7T

2. Una introducción al Tarot y la Astrología
https://www.amazon.com.mx/dp/B0813T44YW

3. Fundamentos del Tarot

https://www.amazon.com.mx/dp/B099KJYVNW

# Enlaces de libros electrónicos
# de Wade Coleman

## EL CAMINO MÁGICO
https://www.amazon.com.mx/dp/B0BF2GP2S5

Para contactar al autor, escriba a este correo electrónico.

DENDARA_ZODIAC@protonmail.com

www.ingramcontent.com/pod-product-compliance
Lightning Source LLC
Chambersburg PA
CBHW060803050426
42449CB00008B/1520